MOLIÈRE

ET

SON TARTUFFE,

ÉTUDE EN TROIS ÉPOQUES ET EN VERS,

PAR

M. F. ALPHONSE.

PARIS.

LE DOYEN, LIBRAIRE,

PALAIS-ROYAL, GALERIE D'ORLÉANS, 31.

—

1839

IMPRIMERIE DE Mme Ve DONDEY-DUPRÉ,
RUE SAINT-LOUIS, 46, AU MARAIS.

En la très-lointaine année 1838, comme l'on agitait
fort le projet d'une statue élevée à Molière, un pauvre
artisan de quelque poésie et de cœur imagina de s'asso-
cier, selon ses moyens, à l'accomplissement du vœu
national. Il n'avait pas à verser de sa bourse l'or qui
fait mettre à l'œuvre ; il y vint lui-même. Il se mit à
tailler, de sa main propre, la petite pierre qu'il voulait
apporter au monument de tous. Trois mois durant, il
la polit, il la cisela ; il sut la préparer sur toutes les
faces, de sorte qu'elle eût à tenir assez convenablement

sa place vis-à-vis de la foule. Puis, entièrement disposée en fin février 1839, elle attendit.

Or, aujourd'hui 14 novembre 1839, devait-elle attendre encore? S'élève-t-il, de fait, un monument à Molière? l'assise à grands frais taillée de l'artisan-poète ne risquait-elle pas de ne jamais rien soutenir? Toujours, elle se pose et s'établit à tout regard sympathisant. Qu'elle appelle la statue projetée ou bien qu'elle s'y rejoigne, la voilà, pas moins, en vue de chacun, à la contemplation de tous. Et tant de fois la main s'y est assujettie, et tant de fois le jour y est descendu, et tant de fois elle s'est pénétrée du regard évanoui, qu'elle pourrait bien, piédestal humble et solitaire, refléter par quelques côtés la figure immense et lumineuse qu'elle recherche.

Paris, 14 novembre 1839.

MOLIÈRE ET SON TARTUFFE.

PERSONNAGES.

MOLIÈRE.
CHAPELLE.
DE SAINT-AIGNAN.
DE SOYECOURT.
LAMBERT.
LAGRANGE.
BÉJART.
LA THORILLIÈRE.
DUCROISY.
DE BRIE.
DUPARC.
HUBERT.
PRÉVOT.
BARON.
L'AMI DE CHAPELLE.
LE SECRÉTAIRE DU PRÉSIDENT.
Comédiens.
Mlle MOLIÈRE.
Mlle DE BRIE.
Mlle BÉJART.
Mlle HERVÉ.
Mlle DUPARC.
Mlle LAGRANGE.
Mlle DUCROISY.
Mlle HUBERT.
MARTINE.
UNE VIEILLE SERVANTE.
Comédiennes.

ÉPOQUE PREMIÈRE.

—

COMÉDIEN.

PERSONNAGES.

MOLIÈRE (42 ans).
DE SAINT-AIGNAN (54 ans).
DE SOYECOURT (25 ans).
LAMBERT (19 ans).
LAGRANGE (34 ans).
BÉJART (42 ans).
DUCROISY (34 ans).
LA THORILLIÈRE (28 ans).
DE BRIE (34 ans).
DUPARC (48 ans).
HUBERT (26 ans).
PRÉVOT (19 ans).
Mlle MOLIÈRE (19 ans).
Mlle DE BRIE (28 ans).
Mlle BÉJART (44 ans).
Mlle DUPARC (29 ans).
UNE COMÉDIENNE.

Versailles. — 1664, le dimanche, 4 mai.

Époque Première.

—

Une salle basse du château. Sans ameublement, sinon quelques siéges placés çà et là. A gauche, la porte d'entrée, laissée ouverte. A droite, deux hautes fenêtres, grandes ouvertes. Le mur plein formant le fond de la salle. — Il est midi.

SCENE PREMIERE.

COMÉDIENS *et* COMÉDIENNES *entrant tous à la fois et tenant à la main chacun leur rôle. Comédiens :* LAGRANGE, LA THORILLIÈRE, DUCROISY, *vêtement d'abbé ;* HUBERT, BÉJART, *vêtement de femme, et* PRÉVOT. *Comédiennes :* Mlle MOLIÈRE, Mlle DE BRIE, Mlle BÉJART, UNE COMÉDIENNE.

LAGRANGE (Valère).

Allons donc ! au Tartuffe !

Mlle DE BRIE (Marianne).

Et c'est dans cette salle...

LAGRANGE.

Que monsieur de Molière à cette fin s'installe.

Mlle DE BRIE.

Pourquoi point sur la scène où se feront les jeux ?

LAGRANGE.

Pour nous faire empêchés du vent et des fâcheux ;
Pour être tout entiers dans les soins de nos rôles ;
Pour ne point attirer aucuns des heureux drôles
Pressés de transformer Versailles en Éden.

Mlle DE BRIE.

On pouvait choisir lieu tenant sur le jardin ?

LAGRANGE.

Encore, et c'est à vous un peu que je m'arrête,

Pour que le dru caquet d'une langue indiscrète
N'aille éveiller au loin des échos criminels.

La saluant.

Voilà.

Mlle DE BRIE.

Monsieur Lagrange a des tons solennels,
Depuis qu'on l'a choisi pour faire la harangue.

LAGRANGE.

Ma chère, il ne faut pas m'attaquer sur la langue ;
Si les femmes tenaient l'emploi qui m'est admis,
Vous savez si jamais on me l'aurait remis ?

Mlle DE BRIE.

Oui !

LAGRANGE.

Mais attention. Monsieur Molière monte :
A nos rôles !

Mlle DE BRIE.

Et moi, je ne sais mot !

LAGRANGE.

O honte !

Mlle DE BRIE.

Ne peut-on nous laisser quelque temps de relais ?

LAGRANGE, *frappant sur son rôle.*

Sa majesté demain arrive en ce palais :
Pensez-vous qu'elle laisse et temps et fantaisie,
Elle, de cultiver ce mets de poésie ;
Mets qui n'est point prescrit dans le festin royal,
Et dont son auteur veut, en hôte tout loyal,
Régaler le grand roi qui chez lui le convie ?
Pensez-vous ?

Mlle DE BRIE.

Que les frais de cette belle envie,
C'est nous qui les payons.

LAGRANGE.

Vous dépensez, vraiment !

Mlle DE BRIE.

Trois actes en surcroît ! trois actes, seulement !

LAGRANGE.

Mais un rôle !... à vous faire un fonds d'amours immense !

Mlle DE BRIE.

Attends-je après ?

LAGRANGE.

Qui dit que cela le commence ?

Mlle DE BRIE.

Vous avez la riposte à beau jeu, ce matin ?

LAGRANGE.

Nous sommes vieux ensemble, — et je vous suis.

Mlle DE BRIE.

Pantin !

LAGRANGE.

Mais allons, ma bien chère.

Mlle DE BRIE.

Un régalant dimanche !

LAGRANGE.

Nous prendrons, dans trois jours, notre pleine revanche ;
Nous fêterons ; allons !

Mlle MOLIÈRE (Elmire et princesse d'Élide), *se rapprochant*
d'eux.

Oui ; nous verrons fêter !

LAGRANGE.

Ah ! de tous les plaisirs que l'on sait apprêter,
Un peu vous revienda, gardez-en l'assurance :
Princesse !

Mlle MOLIÈRE.

Princesse, oui ! — mais non reine de France !

Mlle DE BRIE., *les yeux sur son rôle.*

Ce qui n'en serait pas meilleur titre aux honneurs,
Sinon aux plaisirs !

LAGRANGE.

Ouais ! les jugemens frondeurs ?

Silence, de ce coup !

Mlle DE BRIE , *relevant la tête.*

Qu'est-ce que je désigne ?

LAGRANGE.

Nulle, aucune, très-bien ; mais je sais ma consigne.

Mlle DE BRIE.

Qui vous y fait manquer ?

LAGRANGE.

Oh !... l'on peut deviner.

Mlle DE BRIE.

On le peut ? j'ai donc droit de pouvoir terminer,
Et deviner qu'ici demoiselle savante,
Qui ne tiendrait que rang ou rôle de suivante,
Pourrait jouir en fait plus que reine de nom.

LAGRANGE.

Avouez que le bec chez vous est fort ?

Mlle DE BRIE.

                         Mais non;
Ce n'est que pour répondre à madame Molière.

     Celle-ci rit d'unisson avec sa sœur, Mlle Béjart, qui l'a rejointe.

LAGRANGE.

Quelle enfant ! C'est donc dit ?

Mlle DE BRIE.

                    Qui vous dit La Vallière ?

    Rire des autres.

LAGRANGE.

Allons, elle ira tout. Et qui le sait ?

Mlle DE BRIE.

                      Pas un.

Serait-ce... Benserade, ou monsieur de Lauzun,
Ou... Bontemps ? Allons donc ! Est-ce aussi notre maître,
Lui qui nie à ce fait, ne s'y veut point soumettre,
Mais compose une pièce où l'humble déité
Est toute caressée avec... humanité,
Flattée en son penchant, chatouillée en sa flamme.
Heim ? Non, mais qui le sait.

LAGRANGE.

                Oh ! la langue de femme !

Mlle MOLIÈRE.

Mon Dieu, Lagrange, allez, elle parle avec sens ;
J'ai dans mon rôle, à moi, des choses que je sens ;
Et je sais bien aussi qu'à monsieur de Molière
La chose en question est chose familière ;
Il repousse, il éteint le scandale vainqueur :
C'est certain, il excuse aux faiblesses de cœur !

LAGRANGE.

Eh ! madame, beaucoup béniraient l'indulgence.
Peu jugent sur ceci de tant d'intelligence.

     Se tournant vers Mlle de Brie.

Là, si votre mari jugeait ainsi sur vous ?
Mlle DE BRIE.

Monsieur Lagrange a tort de se viser vers nous.
De Brie excuse peu les faibles à la mode :
Il n'y regarde pas.
LAGRANGE.

> C'est encor plus commode.

Mais laissons tout cela ; voyons, finissez-en.
Je deviens, grâce à vous, frondeur et médisant :
Ne m'excitez plus, là ;
Lui rappelant son rôle.

> Soyez à Marianne.

Au lieu des mots méchans d'une langue profane,
Ayez ceux tout charmans de votre naturel.
Mlle MOLIÈRE, *à voix basse.*

Son naturel, ma sœur.
Mlle BÉJART (Dorine).

> Oui, le trait est cruel.

Les femmes s'éloignent vers le fond en étudiant.

LAGRANGE, *à la Thorillière, resté à étudier sur le devant.*
Vous allez ?
LA THORILLIÈRE (Cléante), *se levant.*

> Ah ! très-bien ; et cette œuvre est merveille.

LAGRANGE.

C'est beau, de fait.
LA THORILLIÈRE.

> C'est beau ? c'est beau comme Corneille !

DUCROISY (Tartuffe), *les accostant.*

Ajoutez même encor que c'est d'une onction
Où nul père n'atteint dans l'élévation ;
Que jamais d'un tel art n'ont prêché le carême
Ni l'abbé Bossuet, ni Mascaron lui-même.
HUBERT (Damis).

Et que si jamais voix d'ardent prédicateur
A su, de son adresse, accuser l'imposteur,
Elle n'eut tant de force, en plus de cette grâce,
Pour terrasser l'impie ainsi qu'il le terrasse.
BÉJART (Mme Pernelle), *survenant de même.*

Aïe !... écoutez, mes fils ; vous prenez là bien feu,
Ce me semble, devant l'engagement du jeu.

Ne feriez-vous pas bien d'en attendre l'issue ?

HUBERT.

De ce chef-d'œuvre ?

BÉJART.

Eh oui ! la fin, elle est bien sue,
Mon fils ; mais pensez-vous qu'elle nous mène à bien,
Nous ?

HUBERT.

Eh quoi ! vous craignez...

BÉJART.

Mon fils, je ne crains rien.
Mais l'attaque est hardie, et l'ennemi robuste ,
Et comme dans son fait il sera frappé juste,
Furieux sous ce coup qui l'aura su chercher,
Essaîra-t-il, je pense, à se bien retrancher.

DUCROISY.

Eh bien ! qu'en sera-t-il pour celui qui le frappe ?

BÉJART.

Mon fils, dans le danger à tout l'on se rattrape,
Même au glaive vengeur qui se lève sur nous :
Ce feu, cette onction qui vous transportent, vous,
Seront, de notre part, délit, faux, mais palpable.

DUCROISY.

J'entends ; et l'innocent puni par le coupable...

BÉJART.

Paîra peut-être cher, mon fils, son dévoûment.

LA THORILLIÈRE.

Allons donc ! notre roi sait juger justement,
Béjart ; et si jamais l'imposture , la haine,
Entravait à la muse et la tenait en chaîne,
Des voix, vous le croyez, sauraient fort réclamer.

BÉJART.

Oui, la vôtre, mon fils ?

Plus gravement.

Le roi vint enfermer ,
Voilà tantôt trois ans , maint homme à la Bastille,—
Et n'est-il pas jugé! — dont l'innocence brille...

LAGRANGE.

Monsieur Béjart !

BÉJART.

Éclate, à coup sûr, à tous yeux :
Voyez un peu, mon fils, ce que vers gracieux ,
Placets de toute sorte ont conquis sur la haine.
Pauvre ami Pélisson et pauvre La Fontaine !

LA THORILLIÈRE, *emporté.*

Mais si monsieur Fouquet...

LAGRANGE.

Ah! bien, messieurs...

BÉJART, *reprenant son sérieux grotesque.*

Mon fils,

C'était façon de rire, au moins, ce que j'en fis ;
Et nul autant, je crois, que madame Pernelle
Ne porte à son Tartuffe amitié maternelle.

LAGRANGE.

Eh ! voilà. De ce ton je n'interromprai pas,
Soyez s...

PRÉVOT , *de sa place , contre la porte.*

Monsieur Molière !

LAGRANGE, *aux comédiens.*

Allons, parlez plus bas.

PRÉVOT.

Il est avec plusieurs !

LAGRANGE.

Avec plusieurs ! silence !

PRÉVOT.

Monsieur de Saint-Aignan !

LAGRANGE.

Mons...

Entrent de Saint-Aignan, puis de Soyecourt semblant se débattre, puis, derrière
eux, Molière.

SCENE II.

MOLIÈRE, DE SAINT-AIGNAN, DE SOYECOURT, LA TROUPE DE MOLIÈRE.

SOYECOURT.

Que de vigilance,
Monsieur le duc, vraiment ! Mais moi, je suis admis;
Je vous dis que je suis très-fort de ses amis;
Qu'il m'ouvre le giron de ses beautés sacrées;
Que j'ai le droit de siége, et les grandes entrées.
Je suis un néophyte, un adepte, un... ma foi,
S'il le faut dire, — élu. Je suis un élu, moi.

SAINT-AIGNAN.

Élu, mon cher, élu, pour rester à la porte.

MOLIÈRE.

Ah ! monseigneur...

SOYECOURT.

Laissez ! la chose serait forte
De voir aux gonds de l'huis Dorante le chasseur.
Dorante, mon cher duc, Dorante est possesseur
De la plus haute place acquise chez Molière.
Il a reçu de lui faveur particulière,
Et nul n'a meilleur droit pour régner à sa cour.

S'inclinant.

Si ce n'est, toutefois, le marquis de Soyecourt,
Que je suis.

MOLIÈRE.

Vous gardez note d'un fait coupable
Dont je n'aurais, moi seul, jamais été capable,
A coup sûr. Dans cela, le roi...

SOYECOURT.

Fut l'Apollon,
N'est-ce pas ? Eh, mon cher, vous rappelez au long
Ce que vous avez dit dans certaine préface.
Vrai Dieu ! que croyez-vous donc que cela me fasse
D'être habillé par vous, d'être par vous traduit ?
Eh ! grâce à mon portrait, chacun sait aujourd'hui

A quels nobles travaux votre féal s'amuse.
. Porter les mots charmans dont me vêt votre muse !
Ce m'est très-grand honneur, et j'en suis glorieux.
La casaque est fort belle et fait des curieux.
Plus que de tous mes noms, moi, je m'en fais parade.
Car aussi, suis-je un noble, un noble de bas grade ?
Mon nom de gentilhomme a-t-il ses droits requis,
Et le roi me tient-il au rang de vos marquis ?
J'aime la chasse, moi ; la chasse est ma faiblesse ;
Mais la chasse, après tout, est de bonne noblesse.
Si l'on y donne un peu de trop de passion,
Est-ce d'un ridicule à réprobation,
Et doit-on se fâcher d'en appeler le rire ?
Vrai Dieu ! je vous le dis : en voulant bien m'écrire,
Vous m'avez fort flatté dans mon plus faible endroit.
Mon excès dans la chasse a fait rire le roi !
Eh ! nous sommes chacun appelés pour ce rôle ,
Moi je me trouve heureux d'être quelque peu drôle.
Monsieur qui suit le roi, qui le divertit fort,
Dans son titre de comte a reçu du renfort :
A cette heure, il est duc, siége à l'académie,
Au parlement, partout ! Une chasse et demie,
Un cerf à courre, et moi, je tiens alors l'honneur
De siéger près du roi comme son grand veneur !

Il se rapproche en riant des comédiens.

SAINT-AIGNAN, *à Molière.*

Bien qu'il prenne la chose avec assez de grâce,
Et qu'un rire sur lui fort peu ne l'embarrasse,
Il n'en cherche pas moins route à s'en dégager ,
Et se porte sur moi pour se faire léger.

D'une sorte de glorieux dédain.

Mais ce n'est qu'au poète auquel il livre guerre.

A Soyecourt.

Ah çà, le fier chasseur, vous ne remarquez guère
Que Molière est ici pour faire répéter ;
Si vous avez à dire, ayez à vous hâter.

SOYECOURT , *comme se rappelant et fouillant à sa casaque*
bleue.

C'est vrai. Tout aussi bien, c'est pour ces demoiselles

2

Que je voulais entrer. Leurs majestés vers elles
M'appellent à Saint-Cloud, d'où nous viendrons demain.
Tenez... en attendant, acceptez de ma main
Ces objets qui pourront vous flatter pour les fêtes.

Mlle MOLIÈRE, *très-gracieuse et charmante.*

Ah ! monsieur de Soyecourt...

Mlle DE BRIE.

Qu'heureuses vous nous faites !

Mlle MOLIÈRE, *étalant sa main.*

Les charmans bracelets !

Mlle DE BRIE.

Les joyeux anneaux d'or !

SOYECOURT, *donnant à Mlle Béjart.*

Si d'une loterie il m'en revient encor,
Aux fêtes, croyez bien que j'en orne chacune.

Mlle BÉJART.

Ah! monsieur...

SAINT-AIGNAN, *à Molière, qui suit des yeux sa femme.*

Vous voyez qu'il n'a nulle rancune.

SOYECOURT, *les rejoignant.*

Mais où donc est déjà votre grande Duparc?
Je ne la vois pas.

MOLIÈRE.

Non... c'est qu'elle est dans le parc,
Sans doute;

Se tournant vers Saint-Aignan.

A s'occuper de son rôle d'Alcine.

SOYECOURT.

De ces charmans ballets que monsieur nous dessine.
C'est donc cela.

Il aperçoit Ducroisy (Tartuffe) étudiant son rôle.

Mais quoi ! monsieur de Saint-Aignan,
Vous ne m'ouvriez porte ici qu'en vous plaignant;
J'étais un sacrilége, un profane, un impie:
Il est vrai qu'on n'y vient que pour toute œuvre pie;
J'y vois à son bréviaire un bel abbé blondin.

MOLIÈRE, *à part.*

Allons!

SAINT-AIGNAN.

Qu'est-ce, de fait, que ce jeune mondain ?
Vraiment! vous prendrait-il cette chose hardie

De faire à nos abbés jouer la comédie?
Dites.
MOLIÈRE.
Eh ! monseigneur, de nos jours, de ce temps,
Cette idée aurait-elle assez de consentans ;
D'autant mieux que plus d'un, de cet ordre mobile,
A s'ajuster un rôle, y serait fort habile.
Mais non. De ce projet, il n'en est rien ici.
L'abbé... vous le voyez, c'est le sieur Ducroisy ;
Qui s'essaie avec soin, qui suit avec étude
Un rôle fait pour lui d'art et de rectitude.
SAINT-AIGNAN.
Un rôle? y pensez-vous?
MOLIÈRE.
Un rôle, monseigneur ;
Après avoir souscrit aux lois de votre honneur,
Molière cherche gage à payer tant de gloire.
SAINT-AIGNAN.
Aïe, aïe ! écoutez bien ; vous me pouvez en croire
Que c'est nous, mon très-cher, qui sommes honorés ;
Mais vous vous en prenez à des objets sacrés.
Prenez-y garde, au moins! ces maîtres de ruelles
Ont pour leurs ennemis des armes bien cruelles ;
Et l'on a toujours tort de s'en faire agresseurs.
SOYECOURT.
Sans doute qu'il vaut mieux s'attaquer aux chasseurs ;
Je le comprends.
SAINT-AIGNAN.
Pourtant, nul effroi, nul fantôme.
On vous connaît, mon cher, vous êtes honnête homme ;
Et si sur ce sujet délicat à traiter
Vous avez bien jugé vous devoir arrêter,
A coup sûr et déjà la cour vous est acquise.
On sait de quel talent, de quelle grâce exquise
Vous savez plaisanter sur les vices du temps ;
Ainsi donc, tout à vous, sans peur des résistans.
Si son vent souffle trop, à la ligue ennemie ,
J'ai le roi, j'ai la cour ; en plus, —l'Académie !
Et ce qu'en ordonna dans cet illustre lieu
Pour Corneille le grand notre grand Richelieu,

Je le rappellerai, moi, pour le grand Molière.
Nous vous tiendrons...

MOLIÈRE.

Tartuffe.

SAINT-AIGNAN.

En grâce singulière.

MOLIÈRE.

Merci, monsieur le duc; puissiez-vous n'y songer,
Et qu'à l'illustre corps, moi, je reste étranger !
— Grand merci.

SAINT-AIGNAN.

Tout à vous.

SOYECOURT.

Adieu, mesdemoiselles.

Molière disparaît un instant avec eux, Lagrange rejoint Mlle Molière pour la féliciter de ses bijoux.

LAGRANGE.

Hein ?

Mlle MOLIÈRE.

Les reines, mon cher, en ont bien d'autres, elles !

Rentre Molière, assez joyeux

SCENE III.

MOLIÈRE, SA TROUPE.

MOLIÈRE, *reparaissant.*

Allons, à nos aveux ils ont assez souscrit;
Nous voilà toujours forts de deux hommes d'esprit.

PRÉVOT, *s'approchant honteux, avide, effaré.*

Oui, n'est-ce pas, je puis en parer mes tablettes?

MOLIÈRE.

Quelles tablettes? quoi?

PRÉVOT, *découvrant une sorte de livre-calepin sur lequel on l'avait vu parfois écrire.*

J'ai dix pages complètes,
Monsieur, de vos amis ! féaux et protecteurs,
Tant nobles que vilains, tant auditeurs qu'auteurs.
— Que c'est beau d'être vous!

MOLIÈRE.

Il est fou, que je pense.

Tu nombres mes amis?

PRÉVOT, *lui donnant le livre.*

Je les nombre et dispense.

MOLIÈRE, *regardant un instant.*

Quelle idée !

Lui rendant le livre.

Enfin, va ; sache bien recueillir.

Le temps à tes calculs saura faire faillir,

Seulement :

Souriant.

De beaucoup nous aurons carte blanche.

Mlle DE BRIE.

Ah ! ceux-là devraient bien commencer ce dimanche,

Pour nous.

MOLIÈRE.

Comment ?

Mlle DE BRIE.

Rien.

MOLIÈRE (Orgon), *tirant un manuscrit de sa poche.*

Ah ! m'y voici donc, mon Dieu !

Je ne pouvais vraiment arriver à ce lieu.

Pour consulter mon goût, ce goût que j'ai si sage,

Poëtes, baladins, me serraient au passage.

Monsieur de Périgny, monsieur Vigarini....

Je croyais que jamais je n'en aurais fini.

LAGRANGE.

Mais nous allions, croyez.

MOLIÈRE, *entouré de tous, et son manuscrit ouvert à la main.*

Oui, n'est-ce pas, Lagrange ?

Et vous tous, mes amis. Chacun de vous s'arrange,

Chacun de vous s'ajuste à me fort seconder.

Vrai Dieu ! sur notre force il nous faut tous garder.

L'affaire sera chaude.

Mlle BÉJART.

Ah çà, monsieur mon frère,

C'est donc vrai qu'à ce point l'attaque est téméraire ?

MOLIÈRE.

Eh ! ma sœur... on le dit.

Mlle BÉJART, *le saluant ironiquement.*

Alors, vous, grand merci.

C'est toujours à mourir qu'il faut s'attendre ici.

Plutôt de nous rimer — la princesse d'Élide !

MOLIÈRE, *se promenant, les yeux sur son livre.*
Eh ! ma sœur... il nous faut parfois être solide.
Avoir quelque portée, et diriger son coup.
Mlle BÉJART.
Oui, vous dirigez bien, et cela fait beaucoup.
Des ennemis, pas plus.

MOLIÈRE.
Ma sœur... on leur réplique.
Mlle BÉJART.
Encor ! c'est à cela que votre esprit s'applique.
MOLIÈRE, *relevant tout-à-coup la tête.*
Eh ! l'on s'y donne trop, batailleur sans quartier.
Laissez-moi donc un peu seul faire mon métier.
Je sais, vous le croyez, mesurer mon offense,
Et garder sous le choc une noble défense.
C'est bien grâce à mes soins que nous n'avons péri.
DE BRIE *dans le couloir.*
Têtebleu !

MOLIÈRE, *se retournant.*
Qu'est-ce encore ?
Apparaît de Brie.
Ah !
A Mlle de Brie, qui se tenait près de lui.
C'est votre mari !
Mlle DE BRIE, *sans se déranger.*
Vous ne le sentiez pas ? vous sentez peu.

SCENE IV.

LES MÊMES, DE BRIE.

DE BRIE, *querellant encore le dehors.*
Carogne !
Ouais ! nous assimiler à l'hôtel de Bourgogne !
Des plats comédiens, des cuistres, des bouffons,
Des bateleurs plus creux que leurs œuvres sans fonds...
La main à sa rapière démesurée.
Je l'aurais pourfendu s'il ne m'eût quitté place.

MOLIÈRE, *à part.*

Grand gueulard de bretteur !

Haut.

Contre qui la menace ?

DE BRIE.

J'étais chez le barbier, là-bas, avec Brécourt,
Et voilà que d'un air un faquin de la cour
S'en vient nous soutenir des faits insoutenables.

MOLIÈRE.

Monsieur Brécourt et vous êtes peu raisonnable.
Vous savez que je hais rien tant que ces moyens
Qui ne font que me nuire, à moi, tout comme aux miens ;
Un jour à peine est-on arrivé dans Versaille,
Que vous voilà déjà, traînant votre féraille !
Chacun est-il pas libre ? on écoute et se tait.

DE BRIE.

Oui ! vous ne savez pas à quel point c'en était :
« C'est égal, c'est toujours l'hôtel la grande troupe ;
» Car bien que ce Molière ait, on dit, vent en poupe,
» Remarquez qu'il n'est pas comédien du roi. »
Qu'il n'est pas... Ventredieu ! je me lève, on le croit,
En entendant ce fat.

MOLIÈRE.

C'était chose sensée.

Disait-il vrai ?

DE BRIE.

Cordieu ! qu'il taise sa pensée !
Je n'en ai pas besoin. Si le roi nomme mal,
En dois-je être appuyé d'un fat, —

Les yeux sur le dehors.

d'un animal !

MOLIÈRE.

Le roi nomme fort bien ; et là-dessus, silence.
Ensuite je ne veux d'aucune violence.

DE BRIE.

Mais cordieu ! vrai Dieu ! tête...

MOLIÈRE.

Assez de ces fureurs.

Le roi, vous le savez, poursuit fort les jureurs :
Ayez garde à l'amende.

DE BRIE.

Eh ! l'amende... on s'en moque !
Et je prétends cracher, moi, ce qui me suffoque.

MOLIÈRE.

L'amende mène loin.

DE BRIE.

Elle mène...

Se redressant.

Vrai Dieu !
Mais, çà ! l'on vous défend sans trève ni milieu,
Et vous prenez parti pour ceux dont on vous venge,
Vous ?

MOLIÈRE.

Ce n'est pas cela.

DE BRIE.

Non; mais c'est chose étrange
Qu'en se risquant pour vous on en soit gourmandé.

MOLIÉRE.

Du tout.

DE BRIE.

Qu'on en ait guerre, et soit mal regardé.

MOLIÉRE.

En rien.

DE BRIE.

Au reste, soit ! que l'hôtel de Bourgogne
Soit la troupe famée et règne sans vergogne ;
Que vous soyez un cuistre ; un meneur d'histrions ;
Un plagiaire encor ! ce qu'on dit.

MOLIÈRE.

Nous rions...

DE BRIE, lui tournant le dos.

Que votre troupe enfin soit gueuse consommée.

MOLIÉRE, souriant, à part.

Tous ces grands défendeurs de votre renommée
Sont en fait les plus prompts à se porter sur vous.

Haut et amical.

Eh bien ! non, là ! voyons, de Brie, excusez-nous.
Vous êtes un grand cœur, et nous un grand poète,
Un grand comédien, tout ce que l'on souhaite.
Nous n'avons pas encor nom de troupe du roi,
C'est qu'on attend qu'une œuvre en ait conquis le droit :
Le Tartuffe, peut-être, auquel fort on s'arrête,

Que nous suivons : ainsi resserrez votre brette.

Attendez, pas d'éclat, pas de fer dégaîné ;

Reposez-vous sur nous, et jouez Gros-René.

Allant au-devant de Duparc, qui entre, très-gros et souffretant.

Car bien qu'il en gémit, l'incomparable ventre,

Vous le doublez pas moins celui-là qui nous entre.

Lui tendant la main.

Te voilà donc, Duparc ! comment va, mon très-cher ?

DUPARC, *grognant sous sa toux.*

Mal, mal ! tiens, je suis pris, pris entre cuir et chair.

Je ne tarderai pas à déserter boutique.

MOLIÈRE.

Que non ! c'est bon pour ceux qui sont à l'émétique ;

Et tu n'en uses pas, je crois, à t'abréger.

DUPARC.

Ah ! certes, sans cela je saurai déloger.

Prenant à lui Mlle Béjart.

Mais suivez-moi, vous tous. Venez.

MOLIÈRE.

     Ces demoiselles ?

DUPARC.

Sans doute ; les tailleurs demandent après elles.

LAGRANGE.

Ah ! les tailleurs... alors il faut suspendre un peu,

Monsieur Molière.

MOLIÈRE , *cherchant du coin sa femme.*

    Un peu... cela rompt notre jeu...

Mais enfin, s'il le faut... Voyons, revenez vite.

Essayez vos habits, et puis que je profite

De ce restant de jour pour vous bien conseiller.

LAGRANGE.

N'ayez crainte. —Allons, vous.

Mlle DE BRIE.

    Certe ! et sans sourciller.

Elle remet son rôle dans la poche de sa jupe et se mêle au groupe des comédiens empressés. Mlle Molière les suit nonchalamment, Molière l'arrête au passage.

MOLIÈRE.

Vous, restez.

Mlle MOLIÈRE.

   Mais...

MOLIÈRE, *avec prière.*
Restez !

Demeurés seuls, comme la rassurant.

Vous les allez rejoindre.

SCENE V.

MOLIÈRE, Mlle MOLIÈRE.

MOLIÈRE, *se rapprochant d'elle.*
Aussi bien, pouvez-vous m'accorder faveur moindre ?
Pas un mot ! et voilà deux grands jours cependant.

Mlle MOLIÈRE.

Comme vous.

MOTIÈRE.

    Moi, c'est bien à mon cœur défendant.
Il me faut déguiser, moi, d'ame indifférente ;
Vous n'avez pas vingt ans : j'en ai plus de quarante !
Quel sentiment nous vient de pareils amoureux ?
Vous ne savez que trop ce qu'il en naît pour eux,
Vous, dont je suis martyr à cette heure présente !
— Je vous ai vue un temps, douce enfant caressante,
Désireuse d'un nom... que vous eûtes, de fait ;
Mais l'orgueil s'est enfui, le désir satisfait.
A présent, vous rêvez condition plus haute.
Vous n'avez que dédain pour qui pleure sa faute,
Pour qui vous donna tout, et que rien ne défend.
— Si vous m'aimiez encore au nom de notre enfant,
De ce premier enfant de deux ans d'hyménée,
Qui m'ouvrit de tant d'heur cette naissante année !
Mais non. Lui, comme moi, n'est rien à votre amour.
De tous deux l'on vous vit orgueilleuse, un seul jour.
De lui, lorsque le roi défiant l'anathème,
Le vint faire tenir à son royal baptême.
Pas plus. Car à cette heure !... Et voilà mon tourment.
Vous nous regarderez du même sentiment ;
Vous n'aurez pour aucun affection meilleure.
Puis... vous allez paraître à la cour tout-à-l'heure ;

Charmante, subjuguant d'un pouvoir qui s'accroît
De plus mâles beautés...— et voilà mon effroi !
Je suis prêt à parer aux haines que j'appelle ;
Mon œuvre, ce n'est pas qu'elle me tient trop, elle ;
Mais enfin j'en surmonte un remords puéril ;
Je la lance au grand jour au risque de péril !
Mais de vous !... Oh ! voilà ma frayeur, ma faiblesse !
Voir flatter vos beautés cette folle noblesse ;
Voir exalter chacun vos appas si charmans...
Je me souviens, hélas ! de vos premiers momens ;
Vaux me rappelle encor, tout en deuil de ses fêtes,
L'encens dont on nourrit vos grâces si parfaites ;
Chacun vous célébra, dès vos débuts séduit ;
Tous vous surent fêter : que sera-ce aujourd'hui ?

Mlle MOLIÈRE, *lentement, doucement, hautement.*

Est-ce encore en reproche à mes deux nouveaux rôles
Que vous me tenez là de semblables paroles ?
Si vous ne m'en parez que votre honneur tremblant,
Je vous les tiens : voici.

Elle lui impose sa petite main tenant le rôle manuscrit.

MOLIÈRE, *lui touchant cette main.*
Vous avez du talent,
Et quoique j'en ressente en souffrance lointaine,
Je n'irai vous priver d'une gloire certaine ;
Ces rôles, gardez-les : mais... m'en voudrais-je, au moins ?

Mlle MOLIÈRE.

Mes actes du passé vous parlent en témoins.
La renommée a dit — mes grâces si parfaites ;
Sa voix a-t-elle aussi dénoncé mes défaites ?
Est-ce que cette gloire à faillir m'appela ?

MOLIÈRE.

C'est que jamais, non plus, d'un si charmant éclat
Vous ne l'aurez séduit... cette cour dangereuse !

Mlle MOLIÈRE.

Eh bien ! vous qui parlez d'ame si généreuse,
Vous saurez m'excuser, si je n'en sors vainqueur.

MOLIÈRE.

Oui, je dis excuser qui succombe du cœur :

Mais ce n'est point par là que vous faillirez, certe !
Enfin...

La rattrapant.

     Un mot : ma salle à la Raisin ouverte ;
Va-t-elle ? Avez-vous vu ? Ce jeune enfant, Baron ?

Mlle MOLIÈRE.

Il promet.

MOLIÈRE.

     Vous trouvez. — Eh bien ! j'y serai prompt.
J'estimais fort la mère, et si l'enfant m'écoute,
Je me l'attacherai ; n'importe qu'il m'en coûte.
Le roi me signera l'ordre de l'enlever.

La rattrapant de nouveau.

Encore : nos amis ?

Mlle MOLIÈRE.

     Vont sans doute arriver.

MOLIÈRE.

Chapelle, Despréaux : mais notre aimé Racine ?

Mlle MOLIÈRE.

Est peut-être déjà conseillant votre Alcine.

MOLIÈRE.

La Duparc, vous croyez... Ouais ! qu'est-ce que cela ?

Il lui saisit un billet ressortant de sa guimpe entr'ouverte.

Mlle MOLIÈRE, *étonnée, inquiète.*

Ah !

MOLIÈRE.

   Poulet de galant, heim ?

Lui touchant doucement le sein.

     Mettons cela... là !

Mlle MOLIÈRE.

Je ne sais...

MOLIÈRE.

     Oh !... très-bien, je devine l'infâme :
C'est monsieur de Soyecourt, le grand traître à sa femme,
Qui sera par ici venu chercher succès.

Mlle MOLIÈRE, *à part.*

Maladroite !

MOLIÈRE, *lisant tout bas.*

     Des vers !... pas en très-bon français,
Par exemple... — Mais non, c'est pour nous, un éloge.

Mlle MOLIÈRE.

Pour vous ?

MOLIÈRE.

Pour moi.

Mlle MOLIÈRE.

Qui donc?... Ah!...

Ayant trouvé, elle gagne sans plus de soucis la porte.

MOLIÈRE.

Que je vous interroge,
Au moins, sur ce billet. Qui vous l'a remis?

Mlle MOLIÈRE.

Non.
Ne le savez-vous pas? vous avez dit le nom.
C'est monsieur de Soyecourt.

MOLIÈRE.

Hum! rusée et traîtresse!
Vous me voulez ici donner de votre adresse;
Mais des subtils détours je connais aussi l'art.
Enfin?

Mlle MOLIÈRE.

C'est un garçon de chez Robert Ballard.
Des ballets de la fête apportant quelques livres,
Il m'a remis cela pour vous.

MOLIÈRE.

Ah! de vingt livres,
Vous, fallait le doter, ce jeune compagnon.

Mlle MOLIÈRE.

Je n'avais pas lu, moi.

MOLIÈRE, *désignant le billet.*

Mais je tiens là son nom,
Je le...

UNE VOIX *au dehors.*

Laissez, je vois...

Mlle MOLIÈRE.

Tenez... c'est lui, je pense.

Paraît le garçon d'imprimerie.

MOLIÈRE, *le devançant.*

Alors de vous chercher le hasard me dispense,
Monsieur Lambert.

LAMBERT, *à Mlle Molière, qu'il avait seul cherchée et vue.*

Lambert! Hélas! c'est donc trop tard,
Madame!

Mlle MOLIÈRE.

Voyez-le.

Elle s'échappe.

SCENE VI.

MOLIÈRE, LAMBERT.

LAMBERT.

De chez monsieur Ballard...
Apportant, ce matin, des livrets pour les fêtes...
Je devais vous remettre...

MOLIÈRE, *à part.*

Il cherche des défaites.

Pauvre enfant !

Haut.

Vous deviez ?

LVMBERT, *lui montrant un papier.*

Vous donner ce billet ;
Et puis... par une erreur...

MOLIÈRE, *lui prenant le papier.*

Donnez-le, s'il vous plaît ;
Mais je bénis l'erreur qui m'a fait vous connaître,
Monsieur. Je tiens des vers... trop louangeurs, peut-être,
Mais dictés, à coup sûr, d'un noble sentiment.

LAMBERT.

Oui !... car pour m'y connaître...

MOLIÈRE.

Ah ! dans l'arrangement ?
C'est l'inexpérience ; un rien dans ces matières.
Les belles qualités, vous les avez entières.
Mais... dites-le : — l'état dans lequel vous servez :
Vous n'en pourrez tenir des gains bien élevés,
J'ai peur... Le latin ?

LAMBERT.

Oui... je ne le sais pas !

MOLIÈRE.

Dame !...

Voudriez-vous l'apprendre ?

LAMBERT.

Oh ! monsieur...

MOLIÈRE.

Là, dans l'ame :

Sentez-vous grand désir de savoir, d'acquérir ?
LAMBERT.
J'en ressens le besoin , mais il m'en faut guérir !
MOLIÈRE.
Pourquoi ? — Tenez, encor : voici des jeux , des fêtes :
Y consacrez un peu de ces vers que vous faites ?
LAMBERT.
Non, pour lors ! ma fierté m'en saurait empêcher.
MOLIÈRE, *à lui, et après un petit hum.*
Où diable la fierté va-t-elle se nicher !
Puis, tout haut.
Eh bien donc... écoutez. — Ce jour, le temps me presse ;
Mais vous m'avez gagné, votre esprit m'intéresse :
Voyons-nous à Paris, quand j'y retournerai ?
Vous savez ma maison : — angle Saint-Honoré,
En face le palais. — N'est-il pas vrai ? J'y compte.
Et venez-y souvent. N'ayez aucune honte.
Mais, pour me sceller mieux ce bon engagement,
Que je sois l'obligé de votre dévoûment.
Vous savez Jean Ribou, l'éditeur de l'École ;
Je lui dois quelque peu, — peut-être il s'en désole :
Lui tendant une bourse qu'il vient de garnir, tout en parlant, très simplement,
de précaution non visible.
Faites-moi le plaisir de pousser jusque là?
S'il vous dit que... c'est trop, que... c'est moins que cela,
Que...
D'amitié très-gracieuse.
Nous nous reverrons.
LAMBERT, *contraint d'accepter.*
O Molière ! Molière !...
MOLIÈRE, *le reconduisant.*
Là, bien, bien. Grand merci. N'oubliez ma prière.
A Paris. —
Une fois Lambert disparu.
Et voilà comme on fait des heureux
Il s'en va retourner plein de chants amoureux ;
Sa voix me va bénir : et qu'est-ce qu'il m'en coûte?
En ouvrant le dernier billet qui lui a été remis.
Pauvre enfant! ses bons vers sont fort unis , sans doute ;
De semblables, bon Dieu, que de céans... j'en tiens !
Oui, mais il est du peuple ; et l'on aime les siens.
Il lit, rentrent les comédiens.

SCENE VII.

MOLIÈRE, sa Troupe, *moins encore* Mlle MOLIÈRE, *plus* Mlle DUPARC.

LAGRANGE, *pressant Mlle de Brie.*
Allez donc, allez donc; que rien ne vous tourmente;
Je vous redis encor que vous serez charmante;
Là, marchez.

Mlle DE BRIE.
Quel ennui que cet amoureux-là!
Si l'on peut un instant l'oublier!

MOLIÈRE, *refermant le billet qu'il a lu.*
Vous voilà.

Se retournant.
Ah! ma grande Duparc. — Bonjour, madame Alcine.

Mlle DUPARC.
Bonjour, Molière.

MOLIÈRE, *lui tenant la main.*
Eh là, notre jeune Racine,
Vous nous l'amenez.

Mlle DUPARC.
Moi?

MOLIÈRE.
Tiens! vous ne savez pas?
On vous disait ensemble à converser là-bas;
Je pensais qu'en effet, le poète rigide,
Il vous entretenait.

Mlle DUPARC.
Lui?

MOLIÈRE.
. Sur sa Thébaïde;
Sur votre prochain rôle. — Oh! je le connais mieux :
Un bon livre est pour lui plus que les plus beaux yeux,—
Le sage. —

Allant aux comédiens.
Ah! voyons, vous.

Mlle BÉJART, *étudiant encore.*
Laissez venir Armande.

MOLIÈRE.
Armande?... Où donc est-elle? Est-ce qu'on la demande?

Mlle MOLIÈRE, *accourant.*

Nul que vous. Me voilà. Donnez-moi donc le temps.

MOLIÈRE.

Eh vite, alors! Que diable! on n'a que ces instans;
Venez.
Les rassemblant tous.
Là : vous savez?

Mlle DE BRIE.

Très-fort, sans aucun doute.

MOLIÈRE, *à Lagrange.*

Alors, arrangez-les, et que je vous écoute.

Les comédiens gagnent le milieu du fond, Lagrange les y dispose; Molière partage de droite et de gauche, sur le devant, les siéges épars dans la salle : figurant ainsi les spectateurs restant sur le théâtre; puis cela fait :

A Mlle Duparc.

Vous, ma grande Duparc, écoutez-nous ici,
Tenez; tout à côté de monsieur Ducroisy,
Qui va se composer, en écoutant les rôles,
Le ton dont il devra revêtir ses paroles;
Lorsqu'il s'avancera; scène deux, acte trois.
— C'est bien dit?

DUCROISY (Tartuffe).

Oui, très-bien.

Il s'assied près de Mlle Duparc, au côté gauche.

MOLIÈRE.

Suivez tous les endroits.

Un coup d'œil sur son vêtement presque d'abbé.

Quant à votre costume... — On verra. Par la suite.
Selon l'avis du roi. — Si la pièce est poursuite. —
Il retrouve derrièrre lui de Brie rentré avec tous.
Ah! vous... — Guettez Racine. Allez voir au jardin.
Et quand vous l'y verrez, envoyez-le soudain.
Le quittant.
J'y tiens fort qu'il assiste et goûte à la besogne.

DE BRIE, *à lui-même.*

Il me chasse, c'est bon : je rejoins ma carogne.
Il sort, sans nul regarder et pesant sur ses hauts talons.

MOLIÈRE , *les yeux sur la sortie.*

Là, bien. —
A Prévôt, qui le cherche toujours.
Toi, mon Prévôt, garde-moi les abords.
S'il vient quelque fâcheux, me le tiens au dehors.
Prévôt s'éloigne.

Et pour moi, moi l'Orgon, jusqu'à l'instant que j'entre,
Me voici, mes amis ; sur vous tous, à mon centre.
Et... je vous en en prie ; écoutez, dites-moi.
On a beau composer de grands soins et de foi,
On peut manquer, pas moins. Châtiez donc mes rimes ;
Ayez à m'éviter tout reproche de crimes.
Aussi bien , nous voulons que ce très-cher enfant
Puisse bientôt s'asseoir — entier et triomphant :
Aidez à sa venue, et faites qu'il se tienne.

Il s'absorbe un moment sur son rôle qu'il dit du geste.

Mlle DUPARC , *tout bas à Ducroisy.*

Sans doute ; il en prend tant du conseil, — qu'il lui vienne.

DUCROISY.

Ah ! c'est que nul, non plus, ne le peut conseiller !

LAGRANGE, *du fond de la salle.*

Peut-on entrer ? c'est fait.

MOLIÈRE , *se réveillant de son étude.*

Oui, vous pouvez aller...

Courant à eux.
Mais... resserrez vos rangs ; ne prenez tant de marge.
Le salon, chez le roi, vous savez, n'est pas large.

Démontrant les siéges.

Puis, nos gênans seigneurs qui se postent ainsi.

Les comédiens mieux groupés.

Là, bien alors. Entrez, entrez comme ceci.

*Il vient s'asseoir avec Lagrange (Valère) au côté droit ; au côté gauche, restent
Mlle Duparc et Ducroisy (Tartuffe); les comédiens entrent au milieu de ces
deux lignes, suivant l'indication de la première scène du Tartuffe.*

BÉJART (Mme Pernelle).

« Allons, Flipotte, allons, que d'eux je me délivre. »

Mlle MOLIÈRE (Elmire).

« Vous marchez d'un tel pas qu'on a peine à vous suivre. »

MOLIÈRE, *frappant du pied.*

Prononcez nettement ; que l'on ne perde rien.

Elmire fait une petite moue.

A Béjart.
— Suivez.

BÉJART (Mme Pernelle).

« Laissez, ma bru... »

PRÉVOT, *reparaissant.*

Monsieur Racine !

MOLIÈRE.

Ah ! bien.

Il se lève précipitamment et sépare le groupe des comédiens interrompus.

FIN DE LA PREMIÈRE ÉPOQUE.

ÉPOQUE DEUXIÈME.

POÉSIE.

PERSONNAGES.

MOLIÈRE (45 ans).
CHAPELLE (46 ans).
LAMBERT (2? ans).
LAGRANGE (37 ans).
BÉJART (45 ans).
DUCROISY (37 ans).
LA THORILLIÈRE (31 ans).
DE BRIE (37 ans).
HUBERT (29 ans)
PRÉVOT (22 ans).
BARON (14 ans).
L'AMI DE CHAPELLE.
LE SECRÉTAIRE DU PRÉSIDENT.
Mlle MOLIÈRE (22 ans).
Mlle DE BRIE (31 ans).
Mlle BÉJART (47 ans).
UNE VIEILLE SERVANTE.

*Paris, rue Saint-Thomas-du-Louvre, chez Molière. 1667, le samedi
6 août.*

Epoque Deuxième.

—

SCENE PREMIERE.

Mlle **MOLIÈRE**, *vêtue d'une robe de matin à effet recherché, se tient méditante dans un fauteuil;* LAGRANGE, *debout, la main sur le dos du fauteuil, un peu penché sur elle.*

LAGRANGE.

Il lui faut pardonner ce peu de brusquerie.
Un vêtement perdu! beau but de fàcherie!
Vous en avez brillé de votre seul éclat.
— C'est tout.

Mlle MOLIÈRE, *se levant.*

Il a raison. Mon Dieu, c'est bien cela.
Il a toujours raison : il s'appelle Molière.

LAGRANGE.

Non, agir de la sorte est d'humeur cavalière.
C'est d'un fat, d'un bourru, d'un tyran, — d'un mari.
Se fàcher d'une robe! Ah! j'en suis attendri.
Vous en déshabiller! j'en pleure d'amertume.
Mais quoi! je vous l'ai dit : le plus charmant costume,
Le mari n'a point su, là, vous en dévètir;
Vous le tenez du ciel, et...

Mlle MOLIÈRE.

Pour me divertir,
Vous essayez ici de la galanterie.
Oui. Mais pour m'en payer, je ne suis la — de Brie.

LAGRANGE.

a de Brie? Eh!... laissons. — Hier, à l'Imposteur,

Du langage doré de tel blond spectateur,
Moins qu'elle, à ce ragoût toujours si bienveillante,
En acceptiez-vous bien la douceur chatouillante ?

Mlle MOLIÈRE.

Comment ?

LAGRANGE.

          Nul n'en médit. Mais la de Brie enfin,
Une fois à son rôle en impose à sa faim ;
Et si l'on lui venait — froisser sa main moelleuse,
Elle ferait : — « Laissez, je suis fort chatouilleuse. — »
Or, vous ne l'avez dit, vous, qu'au seul Imposteur,
Hier.

Mlle MOLIÈRE.

     Qu'est-ce à dire ? A-t'-...

LAGRANGE.

               Eh ! là, pas de hauteur.
A-t-on vu ? — l'on a vu monsieur Panulphe double ;
Un second Imposteur vous mettre en un grand trouble,
Alors que votre Orgon, sous la table caché,
De juger certain fait était fort empêché.

Mlle MOLIÈRE, *comme au comble de l'irritation.*

Ah !...

A elle, et très-calme, sinon rieuse.

          C'était un sûr. Le fou toujours sur mon passage
M'a trahie. A merveille.

Haut.

               Ah ! monsieur l'homme sage,
On a pu remarquer, et su s'apercevoir...

LAGRANGE.

Il n'est que les maris — Orgon pour n'y rien voir !

Mlle MOLIÈRE.

Oui !... mais vous...

LAGRANGE.

          J'en suis un : j'y puis voir, mais j'oublie.

Mlle MOLIÈRE, *superbement.*

Et moi, je tiens toujours celui qui m'humilie !

LAGRANGE.

Bon ! — Eh ! qui va chercher de l'affront là-dedans ?
Vous charmez, je vous dis : Trève aux propos grondans.
Charmez ; mais n'en voulez à ce mari — très-probe
Qui sachant vos beautés, vous a pris une robe.

Il s'éloigne quelque peu.

Mlle MOLIÈRE , *à elle.*

Oui, c'est là qu'il voulait en venir. — Vain effort.
Si l'on a su me voir, je dois crier très-fort :
— Et je crierai.

Entre la Thorillière.

SCÈNE II.

Mlle **MOLIÈRE , LAGRANGE , LA THORILLIÈRE ,** *et suc-
cessivement les autres* COMÉDIENS.

LAGRANGE, apercevant la Thorillière, très-haut.

Cléante ! acteur, — La Thorillière.

LA THORILLIÈRE , lui tendant la main.

Comme à l'annonce, donc ?

Saluant gaiement.

Madame de Molière...

Mlle MOLIÈRE.

Bonjour.

Elle retourne s'asseoir.

LA THORILLIÈRE , à Lagrange.

Mais dites-moi : — quelqu'un est ici, de la cour ?

LAGRANGE.

De chez monsieur le prince. Oui.

LA THORILLIÈRE.

J'ai vu dans la cour

Sa livrée. — Ah ! Lagrange !... Et c'est donc la victoire ?
L'enfant est donc assis sur son trône de gloire ?
Après trois ans de lutte et d'un refus — dompté...

LAGRANGE.

Je le crois : il paraît, et se voit adopté.

LA THORILLIÈRE.

En dépit des clameurs, des pamphlets, des menées !

LAGRANGE.

Malgré toutes les voix des meutes déchaînées !

LA THORILLIÈRE.

Quel courage !

DE BRIE , entrant avec Ducroisy, qu'il querelle.

Eh bien, non ! Ventredieu, non ! et non !

Il devait apparaître avec son premier nom.

Céder contre son droit, c'est indigne, — c'est lâche.

LAGRANGE, *à la Thorillière.*

A l'autre ! — Qu'est-ce encor que sa voix nous rabâche ?

DUCROISY, *ripostant à de Brie.*

Qu'importe un nom ? en fait, je reste l'imposteur :
Panulphe ou Tartuffe, aux yeux du spectateur,
Est-ce même chose ?

DE BRIE.

Ouais ! Du tout : on le déguise.

Ducroisy l'abandonne en haussant les épaules.

LAGRANGE.

Vous querellez, messieurs ?

DUCROISY.

Ah bah ! une bêtise,

Un mot.

Bas à Latorillèrre.

Vous le savez ; son lazzi va toujours.

LAGRANGE, *à de Brie.*

Vous avez à Panulphe été d'un grand secours,
Hier, mon cher de Brie !

DE BRIE (Loyal.)

A Tartuffe, on veut dire ?

Tendant le jarret, la main à sa rapière.

Un peu ! — car un faquin en ayant su médire,
Fut par moi pourfendu. — Net.

LAGRANGE, *le toisant.*

Quel grand pourfendeur !

Revenant à Ducroisy.

Mais c'est vous, Ducroisy, qui, d'une belle ardeur,
Avez bien soutenu nos pages glorieuses.
Quel talent ! — Ce regard, ces mains luxurieuses...
— Ah ! Panulphe est en vous, à vous ; c'est votre bien.

BÉJART, *survenant avec Hubert.*

Son bien, mes fils ! et moi, vous ne m'accordez rien ?

LAGRANGE.

Béjart ! — Oh ! que si fait, chère maman Pernelle.

BÉJART.

Ah ! bon ; c'est que j'en veux de ma part maternelle.
Moi qui depuis trois ans et six mois moins six jours,
Vous couve cet enfant, mes plus chères amours,
Par le fait qu'un chacun le trouvait fort peu sage.

DUCROISY

Ah ! vous mentez, la mère ; et toujours qu'au passage
On me voyait un peu, j'étais trouvé fort bon

BÉJART.

Qu'on ne vous fasse encor rentrer sous mon jupon,
Mon fils, c'est mon souhait. Qu'un chacun vous endure,
— J'ai grand' peur que non...

LAGRANGE.

Là ! l'oiseau de bon augure ;
Il n'en démordra pas.

BÉJART.

J'ai grand' peur que non ! Mais...

HUBERT.

Pourfends-le donc, de Brie !

DE BRIE.

Oh ! si je ne l'aimais...

BÉJART.

J'ai grand'peur que non. Mais, par chance, d'aventure,
Si l'on vous souffre, enfant ; payez à la nature.
Donnez à mes tourmens, las ! compensation...

Avec des larmes.

J'ai toujours eu de vous si triste opinion,
Mon fils !

HUBERT.

Damné Béjart !

Il le pousse , Béjart voit Mlle Molière.

BÉJART.

Tiens, ma sœur...

LAGRANGE, *le retenant.*

Non !

Il lui parle bas, et ils forment un groupe du côté opposé.

Mlle BÉJART, *sortant de sa chambre.*

Armande ?

Mlle MOLIÈRE, *se réveillant de sa rêverie.*

Ah ! c'est vous, ma sœur ?

Mlle BÉJART.

Oui. — Savez-vous ce que mande
Monsieur le prince, là, par ce jeune seigneur ?

Mlle MOLIÈRE.

D'être admise aux secrets, je ne tiens plus l'honneur,
Vous le savez. — J'attends.

Mlle BÉJART.

Ne serait-ce, je pense,
Une proscription, un arrêt de défense,
Que l'on nous manderait?

Mlle MOLIÈRE.

De quoi? de l'Imposteur?
Vraiment, y pensez-vous?

Mlle BÉJART.

Dame! le protecteur,
Propice en ignorant les effets de l'ouvrage,
Pourrait bien reculer sous les coups de l'orage.

Mlle MOLIÈRE.

L'orage? non, ma sœur, il n'en sera plus rien;
L'œuvre est sue à présent.

Mlle BÉJART.

Pourtant cet entretien,
Le lendemain du jour...

PRÉVOT, *entrant très-solennel.*

Messieurs, monsieur Molière.

Le groupe se sépare, Mlle Molière se lève.

LAGRANGE.

Ah! il vient?

PRÉVOT.

Par l'entrée à lui particulière,
Il quitte l'envoyé de monsieur de Condé.

BÉJART, *lui frappant sur l'épaule.*

Grand merci, le Prévôt; et... qu'est-il accordé,
Dis-nous, à nos efforts, à nos talens modèles?
Toi, tu dois avoir gros! un moucheur de chandelles.

PRÉVOT, *s'éloignant dédaigneusement.*

Souffleur, monsieur.

A part.

Toujours visant au turlupin,
Monsieur Béjart. —

D'un mouvement d'inspiration.

Condé! — Voyons mon calepin.

BÉJART, *le rejoignant.*

Eh bien! dis donc un peu la faveur singulière...

PRÉVOT, *attentionné à son livre.*

La faveur... la voici...

MOLIÈRE, *paraissant*.

Messieurs, bonjour.

Tous se retournent, hors Prévôt.

Mlle MOLIÈRE, *à sa sœur*.

Molière!

Elle semble s'apprêter, affermie par celle-ci.

SCENE III.

MOLIÈRE, sa Troupe.

Il se tient debout devant la table carrée, y arrangeant quelques papiers qu'il tenait en entrant ; au même côté que sa femme, pour laquelle a été son premier
et furtif regard.

MOLIÈRE.

De chez monsieur le prince on me quitte à l'instant,
Messieurs. De l'Imposteur il est sorti content ;
Et me dit nous garder toujours ses bonnes grâces.
Au cas que quelques voix, quelques vengeances basses
Se réveillent encor, il sera toujours là ; —
Comme par le passé. —

BÉJART, *à de Brie et à Hubert*.

Dites donc, c'est cela.

DE BRIE.

Des grâces!

BÉJART.

C'est bien maigre.

MOLIÈRE, *toujours de la table*.

Il part avec madame,
—Charmée également, et pour nous toute d'ame, —
Pour Saint-Cloud, où monsieur le légat et neveu
De notre saint-père, arrivé depuis peu,
Les attend.

LAGRANGE.

Vraiment oui! Ce qui fait, je le marque,
Que notre cher enfant, réchappé de la Parque,
Est salué toujours à son avénement
D'un envoyé du pape.

MOLIÈRE.

Oui, toujours. Et comment ?

LAGRANGE.

Dame ! en soixante-quatre, à sa première entrée,
Par monsieur de Chisy, légat d'ame lettrée,
Il se trouve accueilli ; puis il meurt, et voici
Que, revenant au jour, mons Rospigliosi,
Légat du nouveau pape, arrive à sa venue !
L'enfant est vraiment dieu ; du plus haut sous la nue
Il appelle vers lui.

MOLIÈRE, *venant à eux.*

Vous le flattez, je crois?
Mais j'accepte , d'autant que vous avez tous droits
A vous enorgueillir des succès qui sont vôtres.

LAGRANGE.

Au fait, monsieur le prince est content de nous autres ?

MOLIÈRE.

Et madame, j'ai dit.

Se ressouvenant.

— Même, sans retarder,
Il me faut de sa part à quelqu'un le mander.

En allant pour écrire.

— Au gazetier. —

Tout en écrivant.

Prévôt? Avec ce mot de lettre,
Prends le panier de vins que tu m'as vu remettre,
— Dans l'entrée ; — et va-t'en chez le sieur Du Laurens ;
Lui disant que de cœur, — et sur de tels garans
Le friand me croira, — de cœur... je le salue. —
Plus que moi de ses vers, de vins elle est gouluc,
La muse gazetière !

Se levant, la lettre pliée.

Enfin, il faut parfois
Sacrifier aux dieux dont on rit de la voix.
— Tiens. Va. Prends le panier, arrose la gazette,
Et d'éloges, — demain, — nous n'aurons pas disette.

PRÉVOT, *recevant d'une main la lettre, et de l'autre renfonçant
son livre.*

Oui, monsieur, oui ; j'y suis. Et qu'il soit accordé
Des éloges pompeux à monsieur de Condé.

MOLIÉRE.

Bah ! Ne dis pas cela. Diable ! je ne réclame

Et ne dicte pour moi ; de la part de madame ;
Voilà tout.

PRÉVOT.

Oh ! monsieur ;notre grand protecteur !
Le défenseur en chef du divin Imposteur !

Ressortant subitement son livre.

Le nom qui siége en tête, au haut de mes tablettes !

MOLIÈRE.

Sans doute. Mais... en tête ?

PRÉVOT.

Oh non ! c'est vous qui l'êtes.

En tête ! — Après vous.

MOLISRE.

Bon. Après moi, c'est le roi.

PRÉVOT , *un genou en terre.*

C'est vrai !

MOLIÈRE.

Voyons, je dis...

PRÉVOT, *se relevant superbe.*

Qu'il n'en a pas le droit !
Non ! de siéger en tête et de régner en maître.
Jamais pour vos amis je ne saurai le mettre,
Lui qui change Tartuffe, et ne le soutient pas.

MOLIÈRE.

Eh bien! j'entends du beau ! — Qui change et...— De ce pas,
Je veux que vous aussi vous rechangiez de note,
Monsieur. En voilà bien d'une cervelle sotte.
Et par qui donc Tartuffe est-il remis au jour,
Si ce n'est par celui qui commande à la cour,
Impose à tous ses lois, comme il les dicte au monde ?

PRÉVOT.

Bon. Le moyen de croire à ce qu'il nous seconde ?
L'Imposteur ne paraît que lui ne siégeant pas.

MOLIÈRE, *avec intention.*

Avant que de partir gagner les Pays-Bas,
Sa majesté m'a su délier de la chaîne
L'œuvre autour de laquelle essayait tant de haine.
Voilà comment, monsieur, Tartuffe a reparu.

DE BRIE, *à Béjart et à Hubert.*

Oui, Panulphe, il veut dire.

Tout en combattant, Prévot rouvre son livre et prend son crayon.

MOLIÈRE.

Oui, va, rechange, et dru !
Le roi point notre ami, point en tête des nôtres !
Tu deviens donc ingrat, Prévôt ? Demande, entre autres,
A de Brie.

Se tournant vers celui-ci.

Oui, le roi fit-il assez pour nous ?
Vous vouliez être à lui, sa troupe sienne, vous :
Le roi nous a nommés...

DE BRIE.

Troupe du roi, c'est juste ;
Mais l'hôtel de Bourgogne a toujours titre auguste
De — La troupe royale ; — et j'enrage.

MOLIÈRE, se retournant vers Béjart.

Un beau jour,
Il vous prit le désir que pas un de la cour
Ne pût entrer pour rien à notre comédie ;
Et le roi, recevant ma requête hardie,
Dicta que — sans argent nul n'y saurait s'asseoir. —

BÉJART.

Même que je faillis laisser ma peau , ce soir
Où, se moquant de l'ordre et forçant le théâtre,
Les exclus, animés d'un zèle opiniâtre,
Vinrent l'épée au poing, — en manière d'argent.

MOLIÈRE, se détournant de Béjart.

Le roi nous pensionne ; et si d'un prêt urgent
Nous sentons le besoin, pour monter quelque pièce,
Lors, il nous vient en aide, et nous ouvre sa caisse.

Rencontrant le regard des deux femmes.

Que d'habits merveilleux revus de tout Paris...

Mlle MOLIÈRE.

Les rois sont en cela meilleurs que les maris !
Qui...

MOLIÈRE , se retournant vers Prévôt.

Va, remets le roi ; le roi d'abord, en tête !
C'est bien assez, crois-moi, que le temps m'en démette
Sans que ta main encor m'efface mes amis.
— Ton livre, à tant de noms dans ses pages admis,
S'est vidé, tu dois voir, par ces heures sonnées !

PRÉVOT.

J'en remets, si j'en ôte!

MOLIÈRE.

Ah! trois rudes années!
Mes plus aimés ont fui. Soit la mort, soit le temps,
Je les ai vu surprendre à mes amours constans.
L'un, qui s'est effacé, me lançant anathème
Sur un art qu'il avait attiré sous lui-même.
L'autre, mort comme lui... mais en m'aimant toujours!
Et puis le compagnon de mes plus mauvais jours...
— Bon Duparc! à coup sûr, il était loin de croire
Que, lui mort, sa compagne... et celle de ma gloire,
Me quitterait un jour pour — mon poète aimé...
Racine! cet enfant de tant de soins formé!
— Enfin. — L'on change aussi; l'on devient vieux, malade;
L'exigence vous vient avec le mal maussade;
L'on veut être obéi, suivi : — L'on reste seul.

PRÉVOT.

L'on reste aimé, monsieur! j'en jure mon aïeul!
— Qui m'a maudit trois fois pour avoir su vous suivre. —
Et puis, cela n'est pas! mais quand même mon livre
Vous ferait remarquer quelques amis absens;
Et vos succès, monsieur, notés toujours croissans;
Vos succès, voulez-vous que je les développe?
Ah!

MOLIÈRE, *le regardant sans le voir.*

Mes succès, c'est vrai. J'ai fait le Misanthrope.
—Allons, va! — L'on s'attriste avec tout son lazzi.

DE BRIE.

Ah!... il porte le vin?

Courant après Prévôt.

Attends, je sors aussi.

Sortent de Brie et Prévôt.

SCENE IV.

MOLIÈRE, sa Troupe.

MOLIÈRE.

Vous avez déjeuné, messieurs?

LAGRANGE.

Depuis deux heures.

MOLIÈRE.

Il se fait tard, au fait.

Il voit Mlle Molière et sa sœur qui tournent à rentrer chez elles.

Vous gagnez vos demeures?

Mlle BÉJART.

Oui, mon frère.

MOLIÈRE.

Et puis... vous?

Mlle MOLIÈRE.

Oui, monsieur.

MOLIÈRE, *doucement.*

L'on m'en veut?

C'est vrai! je fus trop brusque. Oh! je m'en fais l'aveu.
— Les chagrins m'ont ôté toute ma patience. —

Les comédiens devisent entre eux; il s'approche un peu plus d'elle.

Mais c'est que je pensais, et par expérience,
Et par ressouvenir... que nuls vains ornemens
Ne pourraient ajouter... à vos contentemens.

Mlle MOLIÈRE.

Monsieur! vous n'avez plus...

MOLIÈRE, *la contenant d'un geste très-doux.*

Votre seule parole,

Votre seule action vous parent dans ce rôle;
Et je savais que trop comme les plus brillans
Vous viendraient entourer, gagnés... par vos talens.

Mlle MOLIÈRE.

J'ai dit que d'aucun droit...

MOLIÈRE.

Je sais. — Toute maîtresse,

Vous pouvez vous nourrir de cette folle ivresse

Que vous donnent les cœurs que vous vous attachez.
Je n'ai plus aucun droit; tous nœuds sont détachés.
Qu'un chacun vous admire, et le prouve, et le dise,
Que le rire, à ce jeu, sur mon honneur médise,
Je me dois taire; et rien ne se doit remarquer
Sur mon front, que j'appris à toujours se masquer.
— C'est vrai. — Je ne dis rien ? — Oubliez ma conduite.

Il ne lève plus les yeux sur elle, et retourne à sa table.

Mlle MOLIÈRE.

Allons, pour un sermon je vois que j'en suis quitte.
Je m'étais apprêtée à tort...

Très-cajolante et mystérieuse.

Venez, ma sœur.
J'ai deux mots à répondre à mon fol agresseur...

Mlle BÉJART, *imperturbablement.*

D'hier ?

Mlle MOLIÈRE.

Oui! vous pouvez m'excuser; il est riche,
Il est noble! Ainsi...

Mlle DE BRIE, *encore invisible.*

Bah! vous voulez faire niche ?

Elle apparaît avec Baron, joli blondin de quatorze ans, vain et timide à la fois.

Entrez donc, entrez donc, vilain petit poltron.

Mlle MOLIÈRE.

La de Brie, amenant son — élève, — Baron !
Montons, montons, ma sœur.

Elles rentrent ensemble.

SCENE V.

MOLIÈRE, SA TROUPE, BARON.

MOLIÈRE, *qui s'est retourné.*

C'est vous, ma toute bonne.

Mlle DE BRIE, *lui amenant Baron.*

Avec ce beau garçon qu'il faut que l'on talonne
Pour le faire avancer.

MOLIÈRE.

Pourquoi donc, cher enfant?
Est-ce de nous venir si tard qui t'en défend ?
Ah !...

Les yeux sur la chambre où vient de rentrer Mlle Molière.

L'effroi d'approcher qui parfois te gourmande.
C'est être un peu bien faible. — Il faut pas craindre Armande.

Une vieille servante (Laforêt) apporte deux jattes de lait et du pain et du beurre qu'elle pose sur la table-guéridon.

Tiens, nous allons humer notre tasse de lait.
— Sieds-toi là. —

Il donne une petite tape à sa vieille servante.

Bon.

Elle sort et referme la porte jusqu'ici restée ouverte.

Il s'assied ; Mlle de Brie à sa gauche, Baron en face de lui, Lagrange à la droite de Baron, les autres groupés et assis autour de lui, sans l'effacer ; et il dit, préparant son pain et mangeant :

Eh bien ! quoi de neuf, s'il vous plaît?
Panulphe éveille-t-il bien du bruit par la ville.
Il est fort rechangé. Ce n'est plus l'ame vite
Mise d'un saint habit qui s'en puisse affecter.
Abbés, servans pieux, se doivent rétracter
Devant les changemens imposés à mon drôle.
En oyez-vous beaucoup dont la voix le contrôle?
Et l'habit, et le nom sous lesquels il revient
Le laisseront-ils vivre en tout honneur et bien ?

Mlle DE BRIE.

Mais, que je sache, il est adopté sans conteste ;
Et d'après les avis qu'un chacun manifeste,
Le soleil est à lui.

MOLIÈRE, *à Baron.*

Te plaît-il, toi, l'ami?
Tu ne le connaissais, jusqu'ici, qu'à demi,

Les yeux sur Ducroisy (Tartuffe).

Et nu des agrémens de son grand interprète.

DUCROISY.

Oh !... ce n'est pas beaucoup l'aide que je lui prête
Qui puisse rehausser le mérite qu'il tient.

MOLIÈRE.

Bon. Vous dites cela. Mais moi, je sais très-bien.

Vous l'ornez, Ducroisy ; il doit à votre zèle.
Vous le grandissez tous. Vous.

A Lagrange (Valère).

Lui.

A Mlle de Brie (Marianne).

Mademoiselle.

— Belle, hier, à charmer... que j'en plains son mari !

Mlle DE BRIE.

Oh ! — la plainte est de luxe. —

Le regardant.

Est-il de cet esprit,

Voyons, à s'ombrager d'un fat qui déraisonne ?
— Chatouilleux seulement sur sa seule personne.—

MOLIÈRE, *lui serrant la main.*

Et c'est bien le meilleur, au moins ! — Les yeux fermés,
Il faut vivre chez nous. — Vous charmez ? bon : — charmez.

LAGRANGE.

C'est ce que je disais, tenez.

MOLIERE.

Ah ! le théâtre !...

A la Thorillière, qu'il n'a pas remercié encore.

— Mais vous, la Thorillière , et votre Cléopâtre ?
Nous parlons de succès ; vous en cumulez, vous ;
Vous tentez à la gloire encor plus haut que nous ;
Melpomène , ma foi, sur sa cime hardie !
— Où vous en tenez-vous de votre tragédie ?

LA THORILLIÈRE.

Mais j'avance.

MOLIÈRE.

Vraiment ! — Nous joûrons donc cela ?

— Très-bien. — Des mêmes soins qu'on eut pour Attila
Vous serez entouré, successeur de Corneille.
Ah ! l'Hôtel, qui se rit et croit faire merveille,
Verra bien qu'on peut courre avec la même voix,
Et sur le même lieu, deux lièvres à la fois.
La terreur est du rire et sujette et voisine ;
Quoi que vous en disiez, notre ennemi... Racine !

Mlle DE BRIE, *relevant vite ce soupir.*

Ma foi, puisqu'on en est sur l'art, le double emploi,

Il faut que je vous donne aussi mon ragoût,moi.
Vraiment. J'ai dans l'esprit certaine trame ourdie.

MOLIÈRE.

En vérité!

Mlle DE BRIE.

Très-vrai. — C'est une comédie.

MOLIÈRE.

Bah! sur notre terrain. Je ne l'eus deviné.
Je vous savais l'esprit de notre Sévigné;
Un art souple et charmant d'auteur... épistolaire :
Mais du théâtre! peste!

Mlle DE BRIE.

Un fait me sut donc plaire,
Que de mettre à la scène il me vint le projet.
— Je vais en deux seuls mots vous dire mon sujet. —

Molière, heureux, fait chut! à l'assemblée.

Un bossu, fort...

MOLIÈRE, *ne riant plus.*

Bossu? — C'est une — comédie?

Signe d'assentiment.

Bon. — Suivez.

Mlle DE BRIE.

Fort épris d'une belle hardie,
Obtient d'elle, une nuit, un rendez-vous d'amour.
Le rendez-vous, on croit, n'est qu'un fort vilain tour
Que dispose la belle en faveur d'un Léandre.
L'heure vient. Notre infirme aposté pour entendre,
Se sent aiguillonné d'un fer perçant et froid.

MOLIÈRE, *douloureusement.*

Ho!... du sang?

Signe d'adhésion.

— Poursuivez. —

Mlle DE BRIE, *toujours du plus folâtre.*

Saignant par maint endroit,
Il se traîne, pas moins, pour recevoir sa belle;
Et, mourant, s'aperçoit... — qu'il a tenu l'échelle!

D'un visage épanoui.

Qu'en dites-vous? c'est bon?

MOLIÈRE.

Et du plus gai, surtout.

Un infirme! du sang! un mort!

Mlle DE BRIE.

Hein !

MOLIÈRE.

Quel ragoût !

Mlle DE BRIE.

Quoi ! vous ne goûtez point ? C'est d'un sel tout attique.

MOLIÈRE, *la regardant.*

Ah ! je devine bien que c'est là la critique
Ou le plan, tout au moins, de quelque auteur rival ?
— Eh bien ! oui, c'est cela ; leur rire est ce régal.
Un fait que le bon Dieu dans ses lois équitables
Tend et pose à l'appel des vertus charitables,
L'infirmité, c'est là leur moyen de gaîté.
Comme si vient le rire au malheur insulté !
Comme si le poète, armé d'un vers suprême,
Doit fouetter la nature et non l'homme lui-même !
La comédie, hélas ! la muse au vers moqueur,
Ne doit s'en prendre, en fait, qu'à nos vices du cœur ;
A nos torts, nos défauts, nos maux ; voilà sa sphère ;
Elle doit vivre là, toute, — et s'en satisfaire.
Mais plus haut ! mais vers Dieu ! mais dans son élément !...
— Qu'il me garde jamais de le tenter, vraiment !
Comme de mettre aux mains des héros de mes pièces
Quelque arme à bon tranchant, vous taillant homme en pièces,
Vous le troussant aux flancs, coulant le sang partout, —
Et faisant froid le cœur qui n'en peut mais du tout.

Mlle DE RRIE.

Il est sûr que, rosseur — ou — caresseur d'épaules,
On vous voit plus souvent avoir recours aux gaules,
Maître, qu'à l'épée.

MOLIÈRE.

Eh ! sans doute ; car ces jeux
Vous font au moins secrets les résultats fâcheux ;
Rien n'en perce au dehors quand un bâton vous frotte ;
Et si...

Mlle DE BRIE.

Vous n'aimez pas l'auteur du — Don Quichotte.

MOLIÈRE.

Dites que je parais penser différemment ;

Que je cherche le rire en un autre élément.
— Ainsi, —

Retournant son fauteuil.

Pour vous tenir encor sur ma manière, —
Quelqu'un que j'entendais à ma pièce dernière,
Disait : — « Le suivez-vous? Il est fort singulier.
» Jamais en ses sujets un tableau familier ;
» Rien de ces soins rendus à des mères divines :
» Tous ses maris sont veufs , ses filles orphelines,
» Sous la loi de tuteurs ombrageux, durs, méchans ;
» Enfin... aucun rappel des spectacles touchans. » —
L'on disait. — Augurant d'après ce badinage,
Que j'étais... mauvais père, ennemi du ménage...
— Toutes choses que vous et mes pauvres enfans
Pourriez désavouer en termes triomphans,
N'est-ce pas? » — Eh ! pensais-je ; en moi je sens de même
Comme est doux de revoir aux tableaux que l'on aime ;
Mais sont-ce bien aussi des faits de mon ressort,
Que... l'amour, — la vertu? Non ; pas plus que la mort.
Ce n'est point attendrir que doit la comédie.
Laissons voir, vers le fond, je ne les congédie,
Ces principes très-saints qui feront ressortir ;
Mais toujours au-devant, et sans en départir,
Affichons les travers de notre esprit vulgaire ;
Le ridicule, enfin, — auquel je livre guerre.

Se levant de son fauteuil, la main appuyée sur la table.

—La comédie est telle, il faut s'en méfier :
Elle doit — corriger, —non pas — édifier. — »

Il repousse le fauteuil, tous se lèvent.

Mlle DE BRIE.

C'était fort bien pensé. — Que jamais la remarque
Me soit à moi redite, ô sublime Aristarque,
Et je vous la transmets à la postérité.

MOLIÈRE.

Ah ! que j'en aie un jour l'heure et la liberté,
Et que tant de longs soins ne soient pas peine vaine !

*La porte du fond s'ouvre sur ses deux battans; Chapelle s'en élance, laissant
derrière lui un jeune homme semblant tenir à la haute bourgeoisie.*

SCENE VI.

MOLIÈRE, CHAPELLE, L'AMI DE CHAPELLE, BARON, LA
TROUPE.

CHAPELLE.

« Rare et fameux esprit dont la fertile veine
» Ignore en écrivant... » Donnez-moi le bonjour !
 Donnez à ce Chapelle, aide de votre cour,
L'embrassade bien due à son zèle sincère !
Ah ! surprenant esprit !... — De partout l'on me serre,
L'on m'étreint, l'on m'étouffe, en vous nommant, soleil !
C'est un concours de cris, d'extases non pareil.
Tartuffe reparu fait renaître l'ivresse.
C'est à n'y croire point, tant folle est l'allégresse.
Chacun et trinque et boit à ce bonheur tout neuf
Plus... — que le mois dernier au pape Clément Neuf
Les chanoines ventrus de la Sainte-Chapelle !

MOLIÈRE, *l'éloignant doucement, et voulant lui rappeler le*
jeune homme.

Je crois sincèrement qu'à moi l'on boit, Chapelle ;
Mais...

CHAPELLE.

De nos ennemis, des becs envenimés,
Lesquels jusqu'à ce jour nous avaient abîmés,
Échangeant en chantant des libations saintes !
L'abbé Cottin lui-même, — et ses haines éteintes, —
Qui tient au cou Ménage et célèbre ce jour !

MOLIÈRE.

J'y crois moins, mais...

CHAPELLE.

Encor ! — Cet apostat Brécourt,
Qui vous a délaissé pour la rivale Troupe ?
Est devant le théâtre, au beau milieu d'un groupe
Qui se pâme en lisant l'affiche de demain !

Le recherchant de nouveau.

Ah ! surprenant esprit ! ah ! homme surhumain !

Tous vos amis en masse arrivent faire fête ; —
Despréaux, La Fontaine, et Racine à leur tête...

Mouvement de Molière.
— Ainsi je l'ai voulu ; — mais moi qui les prévien...
Que je vous presse encore !

MOLIÈRE.
        Oui, Chapelle, c'est bien ;
Mais, monsieur ?...

CHAPELLE.
        Ah ! — monsieur ? — est cet opiniâtre...

LE JEUNE HOMME, *s'avançant.*
Oui, qui vous a mandé son goût pour le théâtre,
Monsieur, et qui de vous implore un sage avis.

MOLIÈRE, *après l'avoir un instant regardé.*
Ah ! monsieur... en cela nous sommes peu suivis,
Nous qui, dans le métier, en essuyons la chance.
Notre franche parole obtient peu de créance.
Notre avis !... Vous voulez l'avoir franc, net, d'un mot ?
Eh bien donc, croyez-m'en : — restez dans le barreau.

CHAPELLE, *bondissant.*
Comment !

MOLIÈRE, *sans remarquer.*
        Vous êtes noble, ou de bonne famille ;
Vous avez un — nom — vrai qui dans le monde brille :
Dans l'état que vos vœux appellent en tyrans,
On n'a plus de famille, on n'a — nom ni parens ;
On n'a plus qu'un nom faux, masque de comédie,
Qu'une sœur méconnaît, qu'un père répudie.

CHAPELLE.
Bast ! vous nous la donnez, de famille ! On s'en fait.
On se marie ; on a...

MOLIÈRE.
        Des enfans ; en effet ;
Qu'une femme, à chacun beaucoup plus qu'à vous-même,
Comme vous du théâtre, et qu'on tente, et qu'on aime,
Qu'on dérobe aux soins...

CHAPELLE.
        Bon ! faites donc le jaloux.
Vous l'êtes tant !

MOLIÈRE.

Aux soins les plus purs, les plus doux,
Laisse croître et former en des mains étrangères.

CHAPELLE.

Ah ! bah ! bah ! laissez donc, avec vos ménagères !
Ils viennent, vos enfans, comme des champignons.
Ils sont frais et rosés, les deux charmans mignons...

MOLIÈRE, *se tournant enfin vers lui.*

Mais loin de moi, toujours !

CHAPELLE.

Ils vous font plus tranquille.
— Et puis, quoi ? s'il vous prend d'abandonner la ville,
En deux temps tout est dit ; vos coffres pleins d'argent
Vous font le chemin court, le coche diligent.
Non ! mais vous voulez dire...

A son ami.

—Allez, n'y croyez goutte.
Le métier est fort bon. Usez-en, quoi qu'il coûte !
Et vous aurez un jour — grand train, bonne maison,
Bonne cave... Oh ! du vin !...

MOLIÈRE, *toussant impatienté.*

Qu'il boit, le sans raison.
Car grâce au — beau métier, — moi, j'en suis au laitage.

CHAPELLE.

C'est possible. — Mais, là, voyons, là, quelle rage,
Quelle fureur vous pousse à nous désobliger ?
Je vous vois accueillir, conseiller, héberger !
Un certain jeune drôle endiablé de la muse,
Qui veut rimer ! — un piètre ! un... Lambert, — une buse !
Et vous nous repoussez ! nous —

Tapant le gousset de son ami.

Qui sommes charmant !
De beau nom, de famille,

Refrappant, le gousset ayant sonné.

Et riche !

MOLIÈRE.

Eh ! justement !
Monsieur est au-dessus des besoins de la vie,
C'est pourquoi je tiens ferme à sa très-folle envie.

—Pour Lambert, c'est tout autre ; il est pauvre, d'abord ;
Ensuite le désir qui le tient, qui le mord,
N'est point celui tendu vers une chose vaine ;
Il ne travaille pas à monter sur la scène :
Une voix parle en lui, qui du sort triompha ;

Religieux et grave.

J'entretiens cette voix pour Dieu qui l'étouffa.

CHAPELLE, lui accrochant d'auprès de lui Baron.

Bon. — Mais... ce Baron-là, ce n'est pas, que je pense,
Un poète ; et pour lui l'on se met en dépense,
Cependant ; on l'ajuste à devenir un jour
Un grand — comédien ! comédien !

MOLIÉRE , lui reprenant Baron.

Ah ! pour...

CHAPELLE.

Voyons : pour...

MOLIÈRE.

Pour Baron...

CHAPELLE.

Pour Baron ?... Ah ! j'enrage,

Tenez ! quand est passé le tumulte, l'orage,
Quand une œuvre rendue à ses admirateurs
Vient vous faire divin entre tous les auteurs ;
Lorsque, d'un jour à l'autre, au bruit des haines mortes,
L'Académie ici peut vous ouvrir ses portes ;
Venir vous présenter...

Mlle BÉJART, reparaissant.

On entre en ce moment,

Tenez, mon frère.

MOLIÈRE.

On entre...

Il se retourne, inquiet ; au même instant un personnage vêtu de noir se présente,
devancé de la vieille servante, à la porte grande ouverte.

LE NOUVEL ARRIVÉ.

Au nom du parlement,

Monsieur de Lamoignon, son président, mon maître,
Vous présente ses soins, et me fait vous remettre...
Ceci.

Très-humblement il lui soumet une lettre que Molière décachette et embrasse
d'un trait.

MOLIÈRE.

Bien, très-bien. — Pour... monsieur de Lamoignon...
— Les mercis les plus vifs, je vous prie, en mon nom. —

S'incline et sort l'envoyé du président.

Ah !...

Interrogé de tous, même de Mlle Molière rentrée avec sa sœur.

L'arrêt qui me tue.

TOUS.

Est-il vrai ?

MOLIÈRE.

Moi, ma pièce.

Revenant plus au-devant, dans une agitation contenue.

Ils triomphent encore ! On leur cède ! — Faiblesse !
Ne savoir résister, le bon droit en leur main !
S'effrayer de vains cris ! — S'arrêter en chemin !...

LAGRANGE.

Mais vous aviez du roi permission...

MOLIÈRE.

Verbale !

— Encore ! encor vaincu, vaincu par la cabale !
A moi, qui viens loyal et qui combats de front,
A moi le tort, la chute, et la peine, et l'affront !
C'est moi le criminel, grâces à leurs menées !
Tous mes soins, mes apprêts, — le but de trois années, —
Espoir nul ! travaux vains ! — Ah ! servant de chacun,
Je ne pourrai moi-même avoir appui d'aucun,
Quand un jour je voudrai, de ma phrase qui vibre,
Cingler au front le vice en son masque plus libre ?
Baladin, rimailleur, mais poète jamais ?
— Non, non ! ce n'est pas moi, messieurs, qui me soumets.
Aux tours de vos fripons... je saurai faire niche.
— Croyez-m'en. —

Se retournant vers les comédiens.

Et d'abord... — Oui : maintenez l'affiche. —
Nous avons tout un jour jusqu'à l'heure du jeu ;
Ne me rechangez rien, — rien que par mon aveu. —
Je m'en vais à Saint-Cloud, trouver monsieur le Prince,
Madame, qui tous deux me disaient que je vinsse
Si les choses tournaient ainsi qu'on avait vent...

— Car on le faisait mort avant d'être vivant. —
Mon Dieu, oui. — Je pars donc. — Si je n'ai réussite,
Si malgré mes appuis, nulle advient ma visite
A monsieur Lamoignon, aux cours, au parlement?
— Autre jeu : —

Rassemblant Lagrange et la Thorillière.

Dès lundi, vous partez lestement !
Vous deux, mes dévoués ! — Vous gagnerez vers Lille,
Vers notre roi vainqueur durant qu'on nous exile,
Nous, son très-cher poète ! et forts d'un bon placet,
Vous obtiendrez du roi ce qu'il me refusait :
— La permission franche et de sa main écrite
Qui laisse avec les siens vivre notre Hypocrite. —
C'est dit. — Comptez-y bien.

BÉJART, l'arrêtant.

Oui, mais çà, résumons.
Ces messieurs s'en sauvant et par vaux et par monts,
Et par Lille, au galop, et le Tartuffe en croupe,
Que deviennent un peu le théâtre, la troupe ?

Mlle DE BRIE.

C'est juste, au fait ?

MOLIÈRE.

Ah ! bien. — Ce que vous deviendrez ?
Libres ! — On fermera. — Mon Dieu ! vous jouirez.
Aimez-vous pas tant être asservis ?

Mlle DE BRIE.

[Non, non ! peste !
Ah ! je vous garde, moi, de grands mercis de reste.
Libres ! — Le bon arrêt.

BÉJART.

J'accepte aussi cela.
Mais les frais, les paiemens ?

MOLIÈRE.

Ah ! — vos paiemens ? — voilà :
Je vous maintiens à tous pendant la fermeture
Votre paie ordinaire.

BÉJART.

Oh !... alors : la clôture !

MOLIÈRE.

Je devais pour Tartuffe avoir nouvelle part ?
— Je vous la donne. — Allez.

A Lagrange et à la Thorillière.

Songez à ce départ,

Au cas que dans l'arrêt on reste opiniâtre.

Lagrange et la Thorillière font quelques pas vers la sortie. Au jeune homme, qu
l'a toujours suivi des yeux.

Vous voyez ce que c'est, monsieur, que le théâtre :
— Daignez croire un ami. —

A Chapelle, resté sans voix.

Sans adieux. — Pour Auteuil

Je partirai, j'ai peur, de mon Tartuffe en deuil :
— Venez-y m'égayer, vous et puis tous les autres.

Sous-entendant Racine précédemment annoncé.

Vous me comprenez ? tous ! — Il est toujours des nôtres.

Passant sous le sien le bras de Baron.

— Viens, toi, mon cher élève ! — Il faut t'appprendre un peu
Comme l'on sollicite, et l'on met diable en jeu :
Viens ! — si nous échouons ? — nous aurons la campagne,
Le soleil, — nos enfans, la muse — ma compagne !...
Nous vivrons en poète, en bourgeois seulement, —
Et j'en remercîrai messieurs du parlement !

Il a jeté un dernier coup d'œil sur sa femme, immobile, et se retire, Baron
à son bras, par la petite porte du premier plan. Lagrange, la Thorillière et
Ducroisy sortent alors par le fond.

SCENE VII.

CHAPELLE, SON AMI, LES COMÉDIENS.

Mlle MOLIÈRE, revenant à sa sœur.

Il nous fait libres ; bien : — allons trouver le comte.

Elles s'enfuient par le fond.

CHAPELLE, se réveillant de sa stupeur, à son ami.

Mon cher... vous me voyez penaud... — que j'en ai honte.
Je n'ai plus un seul mot. Mes apprêts de festin,

De gala ; — tout s'évente au souffle du destin !

Lui accrochant le bras.

Ah ! que dans votre vin mon cœur se fortifie !

Resté pensif, le jeune homme soupire d'effort sur lui-même.

Et que vous recouriez à ma philosophie !

Il fait le geste de boire et entraîne son ami. Béjart, le bras passé sous celui d'Hubert, conversait avec lui et Mlle de Brie ; il prend congé d'elle.

BÉJART.

A revoir. C'était sûr ; mais enfin espérons.
Il s'est passé trois ans et six mois — des plus ronds
De notre troisième acte au final : Espérance. —
Pour le remettre au jour, cet enfant de souffrance,
Il ne nous faudra guère...

Il cherche.

Oui ; six ans, àpeu près.

Mlle de Brie les renvoie en souriant. Au seuil de la porte, il trouve Lambert, très-pâle, un rouleau de papier à la main.

Ah !... bonjour, le Lambert.

Hubert l'emmène.

SCENE VIII.

Mlle DE BRIE, LAMBERT, *puis* PRÉVOT.

LAMBERT.
Tous ces bruits sont-ils vrais,

Mon Dieu, que de défense est frappée à cette heure...

Mlle DE BRIE.

Tartuffe ! mon Dieu, oui. Sur son sort chacun pleure.

LAMBERT, *après un moment, désespéré.*

Alors... c'est terminé. Dieu me frappe par lui.

Mlle DE BRIE.

Comment !

LAMBERT , *hésitant, puis lui tendant la main.*
Adieu ! Priez pour moi.

Mlle DE BRIE.

Mais...

Lambert s'est échappé.

Il me fuit !

Elle court au fond ; Prévôt s'y présente, tragique, solennel.

Ah ! c'est toi, toi ! tant-mieux ! — Écoute... je suis folle !
Il ne peut se tuer ? non !... pas une parole !
— Enfin, — écoute bien. — Cours , va vite après lui.
Il me semble égaré, fou, je ne sais ; mais fui !
Et...

Retirant une bourse de la poche de sa jupe.

Si c'est de l'argent, — au seul nom de Molière ? —
Tiens. — Oh ! mais va vite !

PRÉVOT.

Eh oui ! Mais... par derrière...

Il a pris la bourse et reste la main enfoncée dans sa poche, comme gêné de son
habit à grandes basques ; Mlle de Brie va regarder à la fenêtre : il ressort lentement son livre-tablettes.

Mais je vais sur mon livre en prendre cause, moi !
Et jusqu'à nouvel ordre... oui : — reffacer le roi.

Il fait une longue rature ; Mlle de Brie se retourne ; il la voit, engaîne vive-
ment ses tablettes, ramasse son chapeau, et se sauve à toutes jambes, chassé
par Mlle de Brie.

FIN DE L'ÉPOQUE DEUXIÈME.

ÉPOQUE TROISIÈME.

—

HOMME.

PERSONNAGES.

MOLIÈRE (47 ans).
CHAPELLE (48 ans).
LAMBERT (24 ans).
LAGRANGE (39 ans).
BÉJART (47 ans).
DUCROISY (39 ans).
LA THORILLIÈRE (33 ans).
DE BRIE (39 ans).
HUBERT (31 ans).
PRÉVOT (24 ans).
Comédiens.
Mlle **MOLIÈRE** (24 ans).
Mlle **DE BRIE** (33 ans).
Mlle **BÉJART** (49 ans).
MARTINE (20 ans).
Mlle **HERVÉ.**
Mlle **LAGRANGE.**
Mlle **DUCROISY.**
Mlle **HUBERT.**
Comédiennes.

Paris, rue de Richelieu, chez Molière. 1669, le dimanche 3 février

Époque Troisième.

—

Le cabinet de travail. Boiseries. Plafond relevé d'or et de peintures. Au fond, une porte à double battant s'ouvrant d'un bouton doré. A droite, une porte de la chambre à coucher de Molière ; près de cette porte, la cheminée. A gauche, une autre sortie à des pièces intérieures ; la fenêtre à double rideau touchant à cette sortie. Une table chargée de livres et de papiers non loin de la cheminée ; des fauteuils, des chaises, adossés aux boiseries et placés près du feu. Le jour est faible ; le calme est grand. Il est huit heures.

SCENE PREMIERE.

MOLIÈRE, MARTINE.

Martine vient de remettre les choses en ordre : elle s'approche de la cheminée où le feu flambe, et s'y tient debout à se chauffer ; Molière sort de sa chambre, des papiers à la main, et s'arrête rêveur.

MOLIÈRE.

Pas rentrée! et toujours!

Il aperçoit Martine.

Ah!...

Tout debout à sa table et ayant jeté un coup d'œil autour de lui.

Tout est bien en place,
Martine ?

MARTINE, *se redressant.*

Eh! oui, monsieur!... mais queu froid! ça vous glace.

MOLIÈRE, *toujours occupé.*

Il fait toujours bien froid.

MARTINE.

Que j'en ai les doigts morts.

MOLIÈRE.

Chauffe-toi.

MARTINE.

Parguienne! oui; j'y fais ben mes efforts;
Mais la chaleur vient guère.

S'étant assise et se délectant au feu.

Ah! que la matinée

Je resterais ben là, devant la cheminée,
Si j'étais ma maîtresse!...

                          MOLIÈRE.

                    Agis tout comme, donc.

                      MARTINE.

Hé!... j'en userais ben d'un pareil abandon.
L'on est, tout un chacun, tâté de convoitise.
Moi, comme d'autres, dà, j'ai parfois la sottise
De me croire un peu plus que je ne suis, vraiment.

                    Se retournant.

Est-ce que je serais, au fait, pas autrement
Si je n'étais pas moi, hein, monsieur?

                          MOLIÈRE.

                                Sans nul doute.

                      MARTINE.

Il me semble, ma fine, à l'instinct que j'écoute,
Que je serais très-ben celle-là... vous savez,
Qui de son gros Lubin... Dandin... vous. — Achevez,
Un peu.

                    MOLIÈRE, *levant la tête.*

        T'achever quoi?

                      MARTINE.

                      Bon. Celle qu'on badine,
Là; m'amzelle de Brie?

                      MOLIÈRE.

                    Ah! Claudine?

                      MARTINE.

                                Claudine.
Dans cela qu'on vous voit mari... co...

                      MOLIÈRE.

                                Confondu.
Georges Dandin.

                      MARTINE.

              Eh oui! — je l'avais tout perdu.
— Eh ben... j'y serais ben, il me semble, en Claudine.
Vrai. Je m'en suis appris un brin, à la sourdine;
Et je vas pas trop mal.

                  MOLIÈRE, *la regardant.*

                  Nous l'essaierons un jour,
Mon enfant; dans Claudine, ou — Martine — à la cour,
Nous verrons ton esprit.

MARTINE, *se levant en riant.*

Non ; ça serait trop bête,

Tenez ; je vous dis là ce qui me passe en tête,

Mais je le sais très-ben : le plus biau de mon jeu,

C'est d'être à mes fourneaux, soigner mon pot au feu :

— Je resterai Martine.

MOLIÈRE, *se dérangeant un peu.*

Au bonheur de Chapelle,

Friand de tes ragoûts, heim ? et qui s'en rappelle ?

— C'est aujourd'hui dimanche, aie un peu de surcroît.

MARTINE, *lui tapant dans la main.*

Je le soignerai.

S'en sauvant par la petite porte du côté gauche.

Hou ! queu froid ! queu froid ! queu froid !

Elle rejette brusquement la porte sur elle.

SCENE II.

MOLIÈRE, *se retrouvant seul.*

Pas rentrée ! et toujours ! bals, jeux, fêtes, — intrigues !

Tirant son fauteuil et s'asseyant, le coude sur la table.

Comment peut-elle donc supporter ces fatigues ?

Pas de repos, de trève ; à tout coup les plaisirs ;

Plus folle que jamais ; plus jeune en ses désirs !

— Malheureuse !

Vaguement, il tient toujours un parchemin qu'à la fin il regarde.

— Tartuffe ! — Oui, Tartuffe : il peut vivre !

Voici l'ordre du roi, du roi, qui le délivre !

L'ordre signé, formel, irrévocable, — sûr.

On le croit à la fin émané d'un cœur pur.

On rend enfin justice aux raisons qu'il provoque.

— Pauvre enfant bien aimé ! tu m'es tout une époque !

Tu me résumes, seul, ce flux d'événemens

Que je cherche à troubler, que je perds par momens !...

Je retrouve par toi ce que les ans me cachent :

A ton nom malheureux que de maux se rattachent !

Héas !... et je bénis qui te remet au seuil,

O trop prodigue enfant, de ma maison en deuil.

Il abandonne le parchemin, et se repose accoudé sur la table.

— Cinq ans, cinq ans bientôt d'une marche pressée,
Et je me trouve encor dans la même pensée :
Elle ! lui ! — toujours eux !

Retournant la tête au bruit de la porte qui s'ouvre.

Est-ce elle ?

Entre Mlle de Brie.

Non !

SCENE III.

MOLIÈRE, Mlle DE BRIE.

MOLIÈRE, *sans se lever.*

C'est vous,

Ma pauvre amie.

Mlle DE BRIE, *gagnant vite le feu, devant lequel elle s'assied.*

Et l'autre. Un froid qui n'est pas doux.

MOLIÈRE.

Il fait toujours bien froid.

Mlle DE BRIE, *tout en redressant le feu.*

Pour aller plus à l'aise,

J'ai, par peur, en chemin abandonné ma chaise ;
Et j'ai manqué cent fois à me rompre le cou.

MOLIÈRE, *se levant.*

Le pavé vient mauvais ?

Mlle DE BRIE.

On y glisse à tout coup.

MOLIÈRE, *à lui.*

Oui, sa sœur l'accompagne.

Haut.

Elle n'est pas rentrée !

Mlle DE BRIE, *négligemment.*

On l'aura retenue avant dans la soirée.
Trop tard. C'est pour cela.

MOLIÈRE.

C'est la troisième nuit

Depuis huit jours !

Mlle DE BRIE, *comme à elle-même.*

C'est vrai. Ce carnaval nous nuit.
On s'arrange, on se tient, et puis il vous entraîne.
— Moi, voilà quatre nuits que je sommeille à peine.

MOLIÈRE.

Toujours à quelque amant jalousant un rival !

Mlle DE BRIE.

Cavalier !

MOLIÈRE.

A chacun ! Ah !

Mlle DE BRIE,

C'est le carnaval.

MOLIÈRE.

Carnaval ou beaux jours, c'est toujours même vie.

Mlle DE BRIE.

Ah ! vous calomniez ; et c'est là de l'envie.

Il s'est allé rasseoir, elle se lève et va à lui.

Mais quelle est cette humeur ?

MOLIÈRE, *lui prenant la main.*

Je souffre.

Mlle DE BRIE,

Vous toussez ?

MOLIÈRE, *lui dirigeant la main qu'il tient.*

Non. Je souffre... de là.

Mlle DE BRIE, *s'asseyant contre lui.*

Du cœur. Maux mal placés.
Devriez-vous ainsi vous livrer à la peine
Le jour où mons Tartuffe est démis de sa chaîne ?
Fêtez-le donc, l'infâme, avec un front vainqueur.

MOLIÈRE.

Eh ! c'est justement lui qui m'attriste le cœur !
Aujourd'hui qu'il renaît, neuf comme à son aurore,
Et que pour le lancer je m'affermis encore,
Je me retrouve au cœur ce même mouvement
Que je me ressentais à son avénement.
Mêmes pensers, hélas ! Mon œuvre me reflète ;
Et devant ce miroir qui me rend si complète
Une époque passée, en moi tombent des pleurs
Sur ce fait malheureux, source de mes douleurs !

Mlle DE BRIE.

Ah ! si vous regardez dans le passé, mon maître,
Pardieu ! vous n'en aurez que torts à reconnaître.
C'est pour chacun cela.

MOLIÈRE.

                    Le passé m'est pesant,
A moi, dans ce qu'il est la cause du présent.

Mlle DE BRIE.

Comme à tous. — Ce qui doit arriver vient. Pas autre.
Mais tenez, comment vous, — Dieu dont je suis l'apôtre, —
Pouvez-vous retomber ainsi jusqu'à l'humain?
Vous regardez, quoi donc? en arrière, au chemin !
Vous vous prenez à dire, en courant de mémoire,
Que c'est de ce Tartuffe, un sujet tout de gloire,
Que vous est arrivé le chagrin familier,
La guerre du ménage ! — Eh ! mon fol écolier,
Ne saviez-vous pas bien, passé maître en l'escrime,
Que prendre jeune femme est chose absurde, un crime !
Que la prendre au théâtre et l'espérer pour soi,
Cela n'est que d'un fou? Vous le saviez, ma foi !
Vous en aviez tâté de cette certitude.
Or, malgré la science, or, malgré votre étude,
Donnant droit dans le gouffre, aujourd'hui vous criez :
Il fallait tout d'abord en détourner les pieds,
Maître ; vous n'auriez pas de larmes à répandre.

MOLIÈRE.

Je sais qu'en toute chose on vous voit la défendre.

Mlle DE BRIE.

Non ; mais n'est-ce pas tout de votre seul vouloir ?

MOLIÈRE.

C'eût été, je sais bien, trop fort se prévaloir
Que de se croire en soi, dans semblable occurrence,
De quoi se préserver de toute préférence.
Je l'avais vue un temps pour moi d'un cœur entier ;
Un temps le sentiment se devait châtier ;
Mais devait-il se perdre? et me devais-je attendre
A ne rien plus trouver de cette ame si tendre ;
Pas même de ce peu que vous tient une enfant
A celui qui la fit de son cœur réchauffant ;

Qui la prit pauvre et seule, et l'adopta pour sienne !

Mlle DE BRIE.

Ah !... raisonnons encore. — Il faut qu'on se souvienne.
Enfant, vous la vouliez enfant ; — c'est là le tort.
— Un beau jour, aux désirs d'un appétit très-fort,
Vous lui dites : « A vous ! — » vous la prenez pour femme :
Elle acquiert donc les droits du nom qu'on lui proclame ;
Elle peut exiger des égards de mari :
Pas du tout ! — Toujours père, en votre orgueil nourri,
C'est encor la main haute et la parole brusque
Qu'elle se voit doter. Ma foi, le fait l'offusque ;
Elle veut être femme, elle crie, on lui tient,
Elle s'irrite, on veut... — et vous n'avez plus rien.
Puisque d'un vif amour vous l'aimiez, la pauvrette,
Il fallait avouer et tout haut l'amourette ;
Bien loin de vous tenir de haute charité,
Laisser, par les dehors, percer la vérité.

MOLIÈRE.

Et devenir à vif — Arnolphe, Sganarelle,
Pas vrai ? de mes portraits la face naturelle !
M'afficher comme ceux que mon vers a joués ;
Me voir, moi, confondu parmi les bafoués !
Ah ! quand j'aurais sorti ce qui me brûlait l'ame,
Et quand les vifs rayons de cette sourde flamme
Se seraient épanchés à la face de tous,
En aurais-je à mes feux conquis un prix plus doux ;
L'homme au cœur bien connu dont elle se recule,
L'aurait-il mieux gagnée en prise au ridicule ?
Ah ! pour son propre honneur, j'enfermais mon tourment,
Étant pour tous un père, et pour elle un amant !

Mlle DE BRIE, se levant.

L'inverse du bon sens. — Toujours la comédie.
C'est parti pris chez vous.

MOLIÈRE, dans l'attitude de se lever.

C'est vrai ; je m'étudie

A ne montrer jamais ce que mon cœur ressent :
Pourquoi ? — Riant de tout ; puis, regardé, puissant,
Il me faut point trahir ce que ma voix avance ;

Paroles, faits, tout doit marcher de connivence
Dans l'homme sur lequel se fixent tous les yeux ;
Quand même il faiblirait d'un côté vicieux,
En soi dompter son mal sous un mors invisible,
Et mortel comme tous, se montrer invincible.

Il se lève.

Mlle DE BRIE, se rajustant pour s'en aller.

Et pour éblouir l'œil d'un prestige vainqueur,
Et pour se faire grand en dépit de son cœur,
Se concentrer au point de ruiner sa vie.

MOLIÈRE , venant à elle.

Je dirais la faiblesse où mon esprit dévie,
Que mon sort n'en serait aucunement plus plaint.
Connaissant ma misère, au mal toujours enclin,
On dirait seulement : — « Il est comme nous-même ! — »
Et perdant le renom d'une force suprême,
Je baisserais pour ceux que je contiendrais moins.

Se rapprochant plus près d'elle et lui prenant la main , doucement, tendrement,
chastement.

Je ne puis, voyez-vous, avoir que deux témoins :
— Elle, qui me fait faible et par qui je succombe,
Vous, qui compâtissez quand à l'homme je tombe !
Votre cœur m'est, croyez, bien cher et précieux,
Lui qui se prête à moi sûr et silencieux ;
Qui sait me recevoir mes plaintes équitables,
Et qui me verse encor ses bontés charitables !

Mlle DE BRIE, dégageant doucement sa main.

Parlons pas de cela.

MOLIÈRE, la retenant.

Vous êtes bonne, oh ! si !

Votre conduite peut...

La porte a crié en se refermant ; il se retourne et voit Mlle Molière.

Mlle MOLIÈRE, qui a fait un geste pour ressortir.

Mon Dieu ! restez ici.

Ne vous dérangez pas. Je regagne nos chambres.

Elle va à la petite porte de communication.

MOLIÈRE, à part.

C'est elle !

La regardant, mise d'une toilette de bal.

Par ce temps, ce tissu sur ses membres !

Mlle Molière, toujours à la porte brusquement rejetée par Martine, reste sous le
regard fixe de Molière ; elle lève la tête de dépit.

Mlle MOLIÈRE.

Ne vous dérangez pas.

MOLIÈRE.
Vous ne dérangez rien.

A part.

Rentrer par ce côté, seule...

Mlle MOLIÉRE, *épuisée*.
Cette clef tient...

MOLIÈRE, *allant vite à son aide*.

Donnez-moi.

En lui ouvrant la porte.

Votre sœur... vous a donc délaissée?
Mlle MOLIÈRE.

Elle est chez elle.

MOLIÈRE.
Non, sa lampe était baissée.

Mlle MOLIÈRE, *colère*.

Comment

Abandonnant la porte, à part.

Elle a la clef! et mes femmes dehors!

Mlle DE BRIE, *qui a souvent interrogé l'heure*.

Ah çà! jusqu'à tantôt, entendez-vous, je sors.

Mlle MOLIÉRE.

Si c'est moi qui vous chasse...

Mlle DE BRIE.
Oh! point. Quelqu'un m'appelle;

Je ne voudrais paraître un plus long-temps cruelle.
— A tantôt.

Mlle MOLIÈRE.

A tantôt.

Sort Mlle de Brie, dont aucun des regards n'a pu avertir Molière, plongé dans ses pensées.

SCENE IV.

MOLIÈRE, Mlle MOLIÈRE.

Il se tient non loin de la petite porte qu'il a refermée; elle se promène

Mlle MOLIÈRE.

Pas de clef ! Quel ennui !
Me quitter sans rien dire et ne rentrer la nuit.
Rencontrant le regard de Molière.
Je vous ai dérangés...

MOLIÈRE.

En aucune manière.
Mlle MOLIÈRE, *se promenant.*
Me laisser revenir avec ce — de Lanière !
Rencontrant un nouveau regard.
Je suis vraiment fâchée...

MOLIÈRE.

Oh ! mon Dieu... laissez-moi.
Je ne dirige rien contre vous, on le voit ;
Faites au moins de même.
Mlle MOLIÈRE, *se renversant sur elle-même.*
Et sur quoi, je vous prie,
Pourrait s'en prendre un peu votre haute furie ?
MOLIÈRE, *lui venant en face.*
Sur vos déportemens, s'il ne me retenait ;
Sur l'éclat scandaleux qui chaque jour renaît,
Et qui vient rejaillir sur le nom que je porte.
Mlle MOLIÈRE, *se renversant cette fois altière et méprisante.*
Vous le salissez, vous, d'une bien autre sorte,
Qui vous faites partout nommer par vos amours.
MOLIÈRE.

Mes amours !

Mlle MOLIÈRE.

Oui, monsieur, formés en d'autres jours,
Noués en d'autres temps, sans en être plus dignes,
— Et repris devant moi, qui n'en croyais les signes !

MOLIÈRE.

Ah ! par vous, malheureuse, et par vous seulement !
Vous, plus traître et parjure en ce froid sentiment
Qui vous fait sage encore en étant infidèle,
Que moi, dont le cœur reste et s'enfuit au loin d'elle
Même alors que je tombe, homme, en d'humains périls !

Mlle MOLIÈRE.

Ces raisonnemens-ci sont pour moi trop subtils.
Faites-les accepter à qui vous les inspire.
—L'infidélité naît où notre honneur expire. —

MOLIÈRE, *à part*.

Fâchez-vous donc !

Haut, et revenant près d'elle.

Eh bien... je ne vous en veux point.

Mlle MOLIÈRE.

Vous ne m'en voulez...

MOLIÈRE.

Non.

Mlle MOLIÈRE.

C'est grand au dernier point.
Vous ne m'en voulez pas — de m'outrager en face,
— De me traiter plus bas que celle la plus basse,
—De me ravaler, moi, qui vous surprends à mal.
Par les mots les plus durs d'un mépris sans égal.
—Mais je vous en veux, moi.

MOLIÈRE.

C'est une chose étrange
Que vous venez toujours à me donner le change ;
Que lorsque vous savez vous trouver en défaut,
Vous me retournez tout, et me criez plus haut.
—Ah ! vous êtes cruelle ! Alors que je m'enferme,
Que ma douleur se tait, mes efforts à leur terme,
Sans remords, sans pitié, vous m'accablez encor !
Moi, je ne vous dis rien ; je me fais à mon sort ;
Je vous laisse, vous, traître en qui s'ouvrait mon ame,
Libre de tous les soins que vous doit une femme !...
Et je vous suis facile, encore, à vos amours ;
On me voit recouvrir et vous cacher toujours
Cette absence du cœur qui vous trahit soi-même ;

Si mon vers vous dépeint, plein qu'il est de vous-même,
C'est sous cette couleur, sous ce jour mensonger
Qui vous déguise un tort en un oubli léger...
Hélas ! trop sérieux à ce monde frivole,
J'affiche, — le cœur morne, — un dédain de parole
Dont vous ne pouvez point être la dupe, vous !...
Et vous ne m'avez rien ! Je suis soumis et doux,
Et vous ne me gardez qu'un cœur impitoyable !

Mlle MOLIÈRE.

Bon, bon. Entre nous deux vous êtes sociable ;
C'est ainsi ; mais dès lors que nous sommes à jour,
La brutalité vient faire place à l'amour :
— Je n'en veux pas.

MOLIÈRE.

        Mon Dieu ! vous en savez la cause.
J'ai tort ; mais, là, chacun, on manque en quelque chose.
Puis, est-ce tout ma faute ? Il s'est perdu, pour moi,
Parens, famille, tout ; des amis que je voi,
Mes enfans, par hasard, se riant à ma droite,
J'essaie à me former quelque famille étroite
Qui me remette un peu de ce bonheur perdu :
Vous vous en éloignez. Mon souhait entendu,
Si vous nous demeurez, une heure, à la passade,
C'est pour nous engager dans quelque trait maussade.
A ceux qu'aime mon cœur, jamais qu'un esprit haut.
Tous. Monsieur Mauvilain, ou Mignard, ou Rohaut...

Mlle MOLIÈRE, *du même ton.*

Chapelle, même.

CHAPELLE.

      Ah ! lui...

Mlle MOLIÈRE.

        Qui donc ?... Baron, encore,
N'est-ce pas ? je le hais, je le bats, je l'abhorre,
Je...

MOLIÈRE, *avec intention, triste.*

    Non ; plus maintenant. Il est homme à succès,
Il est beau : près de vous il peut trouver accès.

Mlle MOLIÈRE.

Encore un bon avis de votre malheureuse.
— La de Brie.

MOLIÈRE.

Oh ! non, non ; elle est plus généreuse.

Il penche la tête en soupirant ; elle regarde l'heure.

Mlle MOLIÈRE, *à part.*

Ma sœur ne rentre pas.

Elle se monte et s'écrie tout-à-coup.

Ah ! quelle indignité !

MOLIÈRE, *relevant la tête.*

Quoi ?

Mlle MOLIÈRE, *le regardant en face.*

Vous êtes un monstre, un monstre, en vérité !
Je suis plus malheureuse en étant dans vos chaînes,
Que je ne le serais... en prison !

Elle se laisse tomber sur une chaise.

MOLIÈRE.

Que de peines !
C'est-à-dire qu'encor vous vous jouez de moi ;
Que voilà vos regrets, vos larmes, je le voi.
Bon, tendre, suppliant, oublieux et facile,
C'est là votre réponse à mon faible imbécile ?
—Eh bien !... je m'affermis par ce manque de cœur.

Elle se lève toute droite devant lui

J'ai craint et le scandale, et le rire moqueur ;
J'ai semblé voir passer avec un front servile
Vos amours éhontés que proclamait la ville :
Contre vous et mon cœur vous venez de m'armer ;
J'éclate, et vais pourvoir — à vous faire enfermer !

Devant cet éclat de colère réelle, elle se laisse alors retomber sur sa chaise, en prenant, toutefois, la pose la plus désarmante.

Mlle MOLIÈRE.

Ah !

MOLIÈRE, *la regardant, craignant le monde ; colère, souriant, malheureux.*

Allons, une attaque. Autre tableau. —Hom !... Chienne !
Malheur ! Épousez donc une comédienne !

Il la secoue, lui frappe dans les mains ; nul ne vient encore.

Mlle MOLIÈRE.

Ah !

CHAPELLE, *de l'autre pièce.*

Eh bien ! eh bien !

MOLIÈRE, *désolé, comiquement.*

Là ! — Chapelle !

Recommençant à la secouer.

Eh ! eh ! eh ! donc !

Elle n'en fera rien. — Eh !

*Chapelle entre doucement par la porte du fond; il a sa serviette à l'habit et
mange encore. — La porte reste entr'ouverte.*

SCÈNE V.

MOLIÈRE, Mlle MOLIÈRE, CHAPELLE, *puis* Mlle BÉJART.

CHAPELLE, *entrant.*

Quels cris...

S'avançant.

Ah ! — Pardon.

Un tête-à-tête ! Et moi qui me mettais en quatre !
— C'est qu'on vous aurait dit plutôt gens à se battre,
Au moins. Quels cris !

Il aperçoit mieux Mlle Molière.

Mais... mais...

MOLIÈRE.

Elle se trouve mal.

Eh bien, oui. L'air, le froid...

Mlle MOLIÈRE.

Ah ! quel homme brutal !

CHAPELLE, *regardant sévèrement Molière.*

Quoi ! c'est vous ? vous...

Mlle BÉJART, *accourant.*

Armande est donc là... — Quelle vue !

Mon enfant ! mon trésor !... O douleur trop prévue !

Se tournant vers Molière.

Monstre ! pour un instant ! voilà dans quel état...

MOLIÈRE, *gagnant vers sa table.*

A l'autre ! — O d'un hymen le hideux résultat !

Mlle BÉJART.

Ma sœur, ma bien-aimée !

Mlle MOLIÈRE, *se soulevant.*

Oui, dérobons-nous vite.

Votre bras... ma clef... Ah !

Chapelle a suivi Molière ; il a l'œil sur lui, près de la table.

Mlle BÉJART, *tout bas.*

Le jeune duc me quitte.

Il vous remet ceci pour votre prochain bal.

Mlle MOLIÈRE, *empochant furtivement la boîte.*

Donnez... ma clef.

Elles sortent par la porte de communication.

CHAPELLE, *à Molière resté pensif.*

En fait, c'est un peu fort brutal.

Voyez-vous, comme un autre on est prompt à l'attaque ;

L'homme est au front marqué du même faible, chaque ;

Vous résistez hier, aujourd'hui vous cédez :

Mais enfin, on est homme, on a des procédés.

Lui touchant mignardement l'épaule.

Mon ami, mon ami !...

Sa serviette à la main, il s'en retourne tout en hochant la tête.

MOLIÈRE, *redevenu seul.*

Quelle bouffonnerie !

S'asseyant soudainement à sa table avec une aspiration ardente.

Oh ! mes livres ! la muse ! à moi, je vous en prie !

Tout est bien misérable et rien n'est beau que vous !

Que je rie, en dictant, de mes pensers si fous

Qui veulent à ce monde ajuster leur chimère,

Qui cherchent la beauté dans une vie amère !

MARTINE, *annonçant de la porte du fond.*

Monsieu Lambert.

MOLIÈRE, *se relevant vite.*

Qu'entends-je ?

Ce que voyant Martine, elle laisse passer Lambert et referme la porte.

SCENE VI.

MOLIÈRE, LAMBERT.

MOLIÈRE.

Est-ce vous, mon ami ?

LAMBERT, *lui tendant la main sur ce mot.*

Moi-même !

MOLIÈRE.

Pour ce coup j'étais mal affermi.

LAMBERT.

Me croyiez-vous donc mort, pour seize mois d'absence ?

6

Non! avec celui-là d'où notre connaissance
S'est vue éteindre, hélas! je reviens! — comme lui,
Rendu libre et joyeux d'un rayon qui m'a lui.

   MOLIÈRE, *qui lui tient toujours la main.*

Lambert! — Vous m'allez dire en plus long votre joie,
Mais je rends déjà grâce au sort qui vous envoie.

  Lui désignant deux siéges.

— Venez donc près du feu.

     Ils s'asseyent.

   LAMBERT.

    Le jour d'où je m'en fus,
Donc, en soixante-sept, quand j'appris le refus
Que l'on vous assignait de reprendre votre œuvre,
J'étais bien malheureux. — Ignorant la manœuvre,
L'empêchement mortel qui sur vous s'imposait,
Je venais... — pauvre auteur dont l'orgueil s'abusait, —
Muni d'un enfant... — mort, tant il était difforme.
Vous savoir suspendu, ma peine en fut énorme :
J'avais tout délaissé, croyant par vous sortir !
Tout ; état, place, emploi. — Ce coup vint m'avertir.
Je vis que je faussais un peu d'intelligence ;
Qu'un fait tout consolant ne m'aurait qu'indigence :
J'abandonnai la muse. — Il m'en a bien coûté !
— Pour ne plus retomber, pour n'être plus tenté,
Je m'éloignai de vous, vous dont l'amitié grande
Me secourait encor d'une dernière offrande !...
Mais enfin je vainquis; j'espérai dans le sort ;
Et ce jour qui me voit résigné, calme, fort,
Tout prêt s'il le fallait à souffrir davantage,
— M'apporte un peu de bien qu'une mort nous partage.

MOLIÈRE, *lui prenant la main, sans pourtant le regarder,*
    comme à lui-même.

Une noble nature. Il est encor du beau.

   Lui adressant la parole.

Eh bien, que dorme en paix l'ame dans son tombeau
Qui vient vous consoler de votre temps d'injure.

   Lui quittant la main.

— Je suis vraiment heureux de vous voir, je vous jure. —

   Amicalement, intimement.

Et donc, vous vous rimez dans vos temps de loisir ?

LAMBERT.

Je me rime. Toujours. Et c'est là mon plaisir.

MOLIÈRE.

Bien vif, n'est-il pas vrai?

LAMBERT.

C'est la meilleure chose.

S'élever de ce monde où tant de mal repose;
Fuir les vices mortels que tient l'humanité;
Homme s'ériger Dieu par la fécondité;
Créer! quoi de plus beau?

MOLIÈRE.

Vous le dites bien.

LAMBERT.

Vous!

Que je vous trouve grand! De vertus si jaloux,
De tant d'ardent amour pour les choses sincères,
De pouvoir nous fixer ainsi dans nos misères!
De vous pencher sur l'homme et le fouiller partout,
Et d'en tirer le rire où n'est que le dégoût!
— Oui, c'est être bien fort.

MOLIÈRE.

C'est être charitable.

Je veux un peu tancer notre orgueil irritable;
Montrer à notre esprit si chatouilleux au fond,
Comme quoi bien souvent il est de sens bouffon
De prendre au sérieux la vie un peu bouffonne. —
Le rire, — un rire honnête, — assez nous désarçonne,
Il fléchit notre honneur mis sur ses grands chevaux :
Un jour, si l'on me prend pour le peu que je vaux,
Comme le cœur en fête on puise à son Virgile,
L'homme aigri se haussant sur sa vertu fragile
Viendra lire, j'espère, à mon conseil railleur,
Et riant avec moi, se deviendra meilleur.

Il se lève soudainement, et s'adosse à la cheminée en se chauffant les mains.

Et donc, vous avez su que le roi notre maître
Me remettait Tartuffe.

LAMBERT, *toujours assis.*

Oui. Qu'il l'allait remettre.

MOLIÈRE.

Une preuve, je crois, de sa toute grandeur?

Vous, qui me disiez tant de votre vers grondeur ;
Vous voyez que — l'encens allait bien à l'idole ; —
Que — je n'ouvrais trop haut ma divine auréole ? —

LAMBERT.

Par le sort qu'il nous fait, je ne puis faire mieux
Que me rejoindre à vous et le mettre des dieux ;
Mais aucun vous dirait que — cinq ans pour s'entendre,
Cela n'est pas d'un — Dieu — qu'on aurait pu l'attendre.

Il va pour se lever, Molière se met au-devant de lui, comme poursuivant une pensée.

MOLIÈRE.

Ah ! voyez-vous, Lambert ; pousser au juste orgueil
La suprême puissance en proie à tout écueil ;
La détourner des coups des louanges vulgaires
Par ceux d'un culte ardent qui ne l'abuse guères ;
C'est s'imposer sur elle, et la faire venir,
Et la sceller un jour et pour tout l'avenir,
Cette divinité que l'on lui disait être.

LAMBERT, *se levant.*

Je rends toute justice à votre art, divin maître,
Puisqu'accède à Tartuffe, enfin, le grand Louis.

Il s'élève un bruit de pas et de sourds éclats de rire.

MOLIÈRE, *se dirigeant vers la porte du fond.*

Ce sont nos compagnons, de leur sort réjouis.

Il ouvre la porte ; Lambert se tient à sa même place.

SCENE VII.

MOLIÈRE, LAMBERT, CHAPELLE, LAGRANGE, BÉ-
JART, DUCROISY, LA THORILLIÈRE, DE BRIE,
HUBERT, PRÉVOT, Comédiens ; Mˡˡᵉ DE BRIE, Mˡˡᵉ HER-
VÉ, Mˡˡᵉ LAGRANGE, Mˡˡᵉ DUCROISY, Mˡˡᵉ HUBERT,
Comédiennes ; *puis* Mˡˡᵉ MOLIÈRE *et* Mˡˡᵉ BÉJART.

CHAPELLE, *en tête de tous et fort repu.*

Entrez, ses affidés ! Tartuffe enfin peut vivre.
La gloire va vous prendre, et la foule vous suivre.
Vous coucherez à plat — *les Noces d'Arlequin.* —
Molière aura pour lui — quatre parts — sur le gain,

Et — s'il ne lui prend pas quelque — subite attaque, —
Rien moins que — vingt-sept fois — jusqu'au congé de Pâque.
Vous tuerez à l'Hôtel — *Marius* et Boyer.
Vous ferez après vous les Roquette aboyer.
Molière aura les voix de la cour très-amie,
Et sera, — ne sera ! — pas de l'Académie.

Il rentre en gesticulant dans le groupe des comédiens.

LAGRANGE , *venu près de Molière.*

Au fait, j'annoncerai...

MOLIÈRE , *lui posant la main sur l'épaule.*

Tartuffe ! pour mardi.

DE BRIE , *s'avançant la main à sa rapière.*

Ah çà ! c'est bien — Tartuffe ; — et l'on vous a bien dit ?

MOLIÈRE , *appuyant sur le nom.*

Tartuffe.

DE BRIE.

Ah ! ventredieu !

BÉJART, *s'approchant en boitant.*

Mais... ce n'est pas — verbale ;

Montrant de Brie.

Il vous dit — l'on a dit ?

MOLIÈRE.

Non !

BÉJART.

C'est que la cabale,

Vous savez, en soixante...

MOLIÈRE , *lui courant à sa table montrer le parchemin.*

Eh !... — Tenez ?

BÉJART, *se tâtant la jambe.*

Je le croi.

MOLIÈRE.

Oui ! — c'est fort heureux.

BÉJART, *le repoursuivant.*

Dame ! en soix...

PRÉVOT, *glapissant.*

Vive le roi !

Il a regardé le parchemin et brandit ses tablettes.

MOLIÈRE , *se retournant.*

Qu'est-ce... — Ah ! toi, mon Prévôt. Oui, toujours tes tablettes ?

Lui montrant Lambert resté invu jusqu'ici.

Eh bien ! refais-les-nous d'un ami plus complètes ;

Remets monsieur Lambert, qui nous revient.

PRÉVOT.

Tiens, tien...

Allant à lui.

— Et la bourse...

Mlle DE BRIE , *le retenant.*

Prévôt !...

En regardant Lambert, à part.

Il est devenu bien.

MOLIÈRE , *entre la Thorillière, Ducroisy et Lagrange.*

Oui, mes tout dévoués ; oui, mon grand interprète ;
Lagrange annoncera que Tartuffe s'apprête ;
Qu'il nous est bien rendu, tel qu'à son premier jour,
Tel qu'il est apparu seulement pour la cour,
Et qu'il n'est plus de trame à craindre pour ses ailes.

A Mlle Molière et sa sœur qu'il voit reparaître.

On répète demain — ici, mesdemoiselles :

La regardant.

Voyez à venir.

Mlle MOLIÈRE , *très-humble et contrite.*

Oui... monsieur : l'on y viendra.

Molière s'éloigne vers le fond ; elle sourit joyeuse à sa sœur.

— J'ai mes bijoux, ce soir !

Mlle BÉJART.

Oui ?

Mlle MOLIÈRE , *lui sortant un petit bout de lettre.*

Le duc y sera.

MOLIÈRE , *qui a parlé à Lagrange.*

Là. — Partez.

Grand mouvement de sortie. Quelques comédiens déjà au dehors.

Ah ! — la pièce, en quoi les intermèdes,

Ce soir ?

Mlle MOLIÈRE, *se trouvant le plus près de lui ; l'œil baissé, la voix faible.*

Georges Dandin, et les Maux sans remèdes.

MOLIÈRE , *comme se ressouvenant, mais cherchant son regard.*

C'est vrai.

Les recongédiant du geste.

Je vous rejoins. — Allez. —

Il les reconduit et ferme la porte sur eux.

CHAPELLE , *qui est revenu sur le devant.*

Monsieur Lambert,

On dit souvent — qui quitte une place, la perd : —
Mais vous la reprenez —

Lui tapant sur l'épaule.

Et vous n'êtes pas bête.

LAMBERT.

Tout comme le Tartuffe.

Molière s'est arrêté non loin de la porte ; il pense ; Chapelle va au-devant de lui
en haussant les épaules.

CHAPELLE.

Allons, allons, la tête !...

— Vous vous bourrez très-fort, heim ! d'appréhensions ?
Vous voilà. Prévoyant les cris, les passions,
Les Cottins affamés , les Ménages étiques.
Euh ! Que devraient vous faire un tas de gueux critiques?
Tout cela dormira, qu'un moindre de vos vers
Sera dit et redit de par tout l'univers.
— N'ayez donc le regard que sur la fin des choses.

MOLIÉRE.

Vous avez raison. Oui ; nul ne lira les causes.
Oh ! la postérité saura me recouvrir !...

Se détournant.

—Mais que nous souffrons donc avant que de mourir ! —

Il enlève de sa table l'autorisation du Tartuffe, et s'enfuit en sa chambre s'habiller
pour le théâtre.

FIN.

Lundi, 17 *février, au soir,* 1839.